VOL. 22

Dados Internacionais de Catalogação na Publicação (CIP)
(Câmara Brasileira do Livro, SP, Brasil)

Rego, Francisco Gaudêncio Torquato do. 1945-
 Jornalismo empresarial: teoria e prática/ Francisco
Gaudêncio Torquato do Rego. – 2. ed. – São Paulo: Summus,
1987.
 (Novas buscas em comunicação; v. 22)

 Bibliografia.

 1. Jornais de empresa 2. Jornais de empresa - Brasil
I. Título. II. Série.

                                            CDD-070.486
87-2073   -070.4860981

Índices para catálogo sistemático:

1. Brasil: Empresas: Jornalismo   070.4860981
2. Brasil: Jornalismo empresarial   070.4860981
3. Empresas: Jornalismo   070.486
4. Jornalismo empresarial   070.486

Compre em lugar de fotocopiar.
Cada real que você dá por um livro recompensa seus autores
e os convida a produzir mais sobre o tema;
incentiva seus editores a encomendar, traduzir e publicar
outras obras sobre o assunto;
e paga aos livreiros por estocar e levar até você livros
para a sua informação e o seu entretenimento.
Cada real que você dá pela fotocópia não autorizada de um livro
financia o crime
e ajuda a matar a produção intelectual de seu país.

Jornalismo Empresarial

TEORIA E PRÁTICA

Francisco Gaudêncio
Torquato do Rego

summus
editorial

JORNALISMO EMPRESARIAL
Teoria e prática
Copyright© 1984 by Francisco Gaudêncio Torquato do Rego
Direitos desta edição reservados por Summus Editorial

Capa: **Jacob Levitinas**
Impressão: **Sumago Gráfica Editorial Ltda.**

Summus Editorial
Departamento editorial:
Rua Itapicuru, 613 – 7º andar
05006-000 – São Paulo – SP
Fone: (11) 3872-3322
Fax: (11) 3872-7476
http://www.summus.com.br
e-mail: summus@summus.com.br

Atendimento ao consumidor:
Summus Editorial
Fone: (11) 3865-9890

Vendas por atacado:
Fone: (11) 3873-8638
Fax: (11) 3873-7085
e-mail: vendas@summus.com.br

Impresso no Brasil

Novas Buscas em Comunicação

O extraordinário progresso experimentado pelas técnicas de comunicação de 1970 para cá, representa para a Humanidade uma conquista e um desafio. Conquista, na medida em que propicia possibilidades de difusão de conhecimentos e de informações numa escala antes inimaginável. Desafio, na medida em que o avanço tecnológico impõe uma séria revisão e reestruturação dos pressupostos teóricos de tudo que se entende por comunicação.

Em outras palavras, não basta o progresso das telecomunicações, o emprego de métodos ultra-sofisticados de armazenagem e reprodução de conhecimentos. É preciso repensar cada setor, cada modalidade, mas analisando e potencializando a comunicação como um processo total. E, em tudo, a dicotomia teoria e prática está presente. Impossível analisar, avançar, aproveitar as tecnologias, os recursos, sem levar em conta sua ética, sua operacionalidade, o benefício para todas as pessoas em todos os setores profissionais. E, também, o benefício na própria vida doméstica e no lazer.

O jornalismo, o rádio, a televisão, as relações públicas, o cinema, a edição — enfim, todas e cada uma das modalidades de comunicação —, estão a exigir instrumentos teóricos e práticos, consolidados neste velho e sempre novo recurso que é o livro, para que se possa chegar a um consenso, ou, pelo menos, para se ter uma base sobre a qual discutir, firmar ou rever conceitos. *Novas Buscas em Comunicação* visa trazer para o público — que já se habituou a ver na Summus uma editora de renovação, de formação e de debate — textos sobre todos os campos da Comunicação, para que o leitor ainda no curso universitário, o profissional que já passou pela Faculdade e o público em geral possam ter balizas para debate, aprimoramento profissional e, sobretudo, informação.

O AUTOR

Gaudêncio Torquato é Professor-Titular da Universidade de São Paulo e Consultor de *Marketing* Institucional e de Comunicação. Nos últimos 10 anos, desempenhou atividades em comunicação empresarial e institucional, tendo implantado e dirigido áreas de comunicação para grupos privados, orientado e supervisionado projetos nos setores de Relações Públicas, Imprensa, Jornais e Revistas de Empresa, *Marketing* Cultural e Identidade Corporativa. Na área acadêmica, defendeu Tese de Doutoramento sobre Comunicação e Jornalismo Empresarial e Tese de Livre-Docência sobre Modelos Integrados de Comunicação para Organizações. Recentemente, tem-se dedicado à consultoria de comunicação institucional, governamental e de *marketing* político, coordenando campanhas majoritárias e proporcionais. Autor de diversos trabalhos e dos livros *Marketing Político e Governamental* e *Comunicação Empresarial/Comunicação Institucional* também editados pela Summus Editorial.

ÍNDICE

Prefácio 9

Introdução 11

PRIMEIRA PARTE — CONCEITOS E LIÇÕES

Capítulo I — *Uma Visão Histórica*

Os primórdios, 17 — No Brasil, 26 — A divisão de responsabilidades, 29 — A imprecisão terminológica, 32 — Referências, 34

Capítulo II — *As Formas do Jornalismo Empresarial*

As características do jornalismo, 35 — Os gêneros jornalísticos, 36 — O jornalismo especializado, 38 — Jornalismo empresarial, 40 — Jornais, revistas e boletins: uma análise de diferenças, 43 — Os principais grupos de publicações, 45 — Publicações internas, 47 — Referências, 49

Capítulo III — *Questões Técnicas e Políticas do Jornalismo Empresarial*

A responsabilidade, 51 — O conteúdo e as incoerências, 55 — O rígido critério de seleção, 57 — A heterogeneidade, 58 — A divisão geográfica das unidades, 59 — A linguagem, 61 — As características técnicas, 64 — As determinantes jornalísticas, 65 — Referências, 68

Capítulo IV — *Um Modelo para as Publicações*

Considerações iniciais, 73 — A dimensão da empresa, 73 — Os novos termos, 74 — A estrutura jornalística, 75 — Serviços externos, 78 — Natureza do canal, 79 — Escolha do conteúdo, 80 — A divisão de gêneros, 83 — Fontes de informação e esquemas de captação, 84 — Seleção de informações, 86 — Esquematização morfológica, 87 — Estilo e linguagem, 88 — Cronograma de execução, 89 — Distribuição, 91 — Verba, 92 — Referências, 92

SEGUNDA PARTE — ROTEIRO ÚTIL PARA O EDITOR: DO PLANEJAMENTO AO CONTROLE DE QUALIDADE

Capítulo I — *Planejamento*

Planejamento: a chave do sucesso, 99 — Objetivos, 99 — Planejamento de criação ou reestruturação, 100 — Planejamento de cada edição, 104 — Planejamento de renovação/evolução, 105 — Planejamento editorial: idéias sobre tipos de matérias, 106

Capítulo II — *Sistemas de Captação*

Tipos de captação, 109 — Seleção de informações, 110

Capítulo III — *Técnicas*

Reportagem, 113 — Técnicas de redação, 114 — Técnicas de angulação, 117 — Técnicas de descrição e valorização de ângulos, 119 — Tipos de *lead*, 119

Capítulo IV — *Controle de Qualidade*

Pesquisa entre o público, 121 — Modelos de questionários, 123 — Modelo de análise, 127 — Controle de fluxo, 131

Capítulo V — *Normas de Redação*, 133

TERCEIRA PARTE — PESQUISA — JORNALISMO EMPRESARIAL NO BRASIL

A metodologia, 145 — Resultados: características técnicas, 146 — Localização geográfica, 147 — Periodicidade, 149 — Público, 150 — Formato, 152 — Número de páginas, 154 — Análise global, 156 — Análise morfológica, 157 — Análise global de conteúdo, 158 — A venda da publicação, 166 — Decomposição das categorias de mensagem, 167 — Análise de gêneros, 168 — Categorias de mensagem, 170 — Conteúdo da propaganda, 177 — Conteúdo da educação, 179 — Conteúdo do entretenimento, 183 — Conteúdo da literatura, 184 — Conteúdo da ilustração, 185 — Análise de caracterização da procedência geográfica, 188 — Bibliografia, 189

PREFÁCIO

Gaudêncio Torquato ocupa hoje um dos lugares mais destacados na área de Comunicação Empresarial. Posição que conquistou com trabalho e pertinácia. Sua luta teve um duplo cenário: o mundo acadêmico e o mundo empresarial.

Este livro constitui um testemunho da sua contribuição para uma atividade profissional que chegou ao país com as grandes empresas estrangeiras e enfrenta o desafio contemporâneo de se adaptar às condições de uma sociedade que reconquista decididamente o caminho da vida democrática.

A singularidade da experiência do autor reside justamente na preocupação de conceber modelos de interação simbólica na atividade produtiva que confluam para a sua pujança e não para o seu bloqueio.

A estrutura tecnológica dos processos de comunicação empresarial impõe uma verticalidade no fluxo de difusão, privilegiando a informação descendente. E isso tem conduzido a distorções na vida cotidiana de grandes organizações comerciais e industriais cujos veículos de comunicação carecem de credibilidade e portanto desempenham papel negativo na formação de uma consciência comunitária. A postura assumida por Gaudêncio Torquato tem sido a de superar o impasse tecnológico através de uma estratégia política que induza o comunicador empresarial a perceber as expectativas da comunidade em que atua, viabilizando a informação ascendente. E, desta maneira, atuando como profissional capaz de estimular a participação individual ou coletiva na vida da empresa.

O Jornalismo Empresarial é uma das facetas dessa ação coordenada que entrelaça os segmentos produtivos, mobiliza os empregados e suas famílias em torno das organizações complexas, procurando criar um sentimento de comunidade. Nas sociedades capitalistas enfrenta o desafio da oposição entre capital e trabalho. Nas sociedades

9

socialistas, defronta-se com a tensão entre a burocracia estatal e o sindicato.

As experiências brasileiras nesse campo ainda são embrionárias. Apesar de constituir um espaço ocupacional em expansão, disputado cada vez mais pelos novos jornalistas, sua trajetória ainda demonstra debilidade. Pois, como modelo transplantado de sociedades abertas (sobretudo a norte-americana), desenvolveu-se em nosso país em plena vigência do autoritarismo político. E naturalmente enveredou por trilhas equivocadas, regendo-se mais pela batuta da propaganda do que pelo dever de informar e suscitar a expressão das opiniões.

Combinando observação e reflexão, teoria e prática, atualidade e história, Gaudêncio Torquato selecionou um conjunto de lições que revelam maturidade e originalidade. Identificamos aqui a retomada do seu trabalho acadêmico como professor da Universidade de São Paulo, da sua atividade profissional como jornalista e pesquisador da PROAL, do seu desempenho administrativo como diretor de comunicação de empresas privadas. É toda uma experiência acumulada, rica em fatos, análises e sugestões.

Seu mérito principal é o de romper a barreira entre a atuação universitária e a empresarial, reunindo-as, confrontando-as, integrando-as.

Tendo publicado vários ensaios e monografias sobre temas da sua especialidade e adquirido projeção nacional e internacional no seu campo de conhecimento, Gaudêncio Torquato estava a dever ao público interessado uma obra mais sistemática, amadurecida. Este livro inicia o resgate daquela dívida, prenunciando outros que certamente vão dimensionar aspectos também importantes da comunicação empresarial.

Trata-se de um lançamento oportuno, que motivará jornalistas e empresários a repensarem as práticas de comunicação empresarial que realizam ou patrocinam, buscando alternativas consentâneas com o processo de transformação das relações sociais e políticas vivenciadas nesse instante da conjuntura brasileira.

São Paulo, 3 de junho de 1984

José Marques de Melo

INTRODUÇÃO

Um dos fenômenos mais característicos das modernas sociedades industriais é o crescente uso das funções de comunicação para sobrevivência, desenvolvimento e prosperidade das organizações. Repartidas e esboçadas de acordo com os diversos modelos organizacionais e assumindo importância cada vez maior, as funções comunicativas engajam-se definitivamente nos desenhos de estruturas de pequenas, médias e grandes empresas.

Desde cedo, os corpos de conceitos de algumas áreas se organizaram, como resposta natural às necessidades de crescimento empresarial. A Propaganda, ao lado de sua matricial ramificação ideológica — responsável, aliás, por fabulosos impérios de dominação cultural no presente século — desenvolveu, em nível de grande sofisticação, seu segmento comercial, locomovendo a imensa máquina industrial do mundo capitalista. As Relações Públicas, cujo nascimento como atividade ocorreu nos primeiros anos do século, assumiram feição de complexos sistemas de pressão e influenciação, criando sólidos vínculos entre as organizações e seus públicos e contribuindo para manter climas de favorecimento em torno das atividades empresariais.

Um dos segmentos mais significativos do que convencionamos chamar de comunicação empresarial certamente é o do Jornalismo Empresarial que, junto com as Relações Públicas e a Propaganda, formou o tripé clássico que organiza os fluxos irradiadores de opinião em torno das organizações.

Historicamente, as atividades do jornalismo empresarial precederam o desenvolvimento do campo das Relações Públicas, situação facilmente explicável pela anterioridade da imprensa. De uma forma ou de outra, foi a partir do aparecimento desta que as publicações jornalísticas, a serviço das organizações, iniciaram um trajeto que teve sua primeira escalada sistemática na Revolução Industrial e o seu desenvolvimento mais seguro a partir dos primeiros anos deste século.

Feitas, de um lado, para dar organicidade ao corpo interno das organizações e, de outro, para projetar externamente o conceito das empresas perante segmentos representativos da sociedade, as publicações jornalísticas, assumiram, com o passar do tempo, posições e formas variadas. De simples boletins a sofisticadas revistas, com abordagens diversificadas ou mesmo especializadas, elas hoje constituem ferramenta de primeira grandeza instrumental de comunicação das modernas empresas. É assim nos Estados Unidos, onde essa atividade consome o esforço de milhares de especialistas e um volume sempre crescente de dólares, na Europa, o mesmo nos nossos países latino-americanos, onde a atividade tem-se desenvolvido a largos passos, seja pela influência dos fortes sistemas de comunicação dos grupos multinacionais, seja pela valorização e desenvolvimento conceitual das áreas de comunicação, no âmbito de escolas e faculdades.

Mas não se pense que o jornalismo empresarial seja atividade típica e própria do sistema capitalista. Um dos tipos de imprensa mais desenvolvidos na União Soviética, por exemplo, é o jornal de fábrica, que, como se deduz, dentro dos sistemas políticos, assume posições de defesa e valorização das organizações idênticas às da grande mídia. Compreende-se, a partir deste prisma, o papel da imprensa de empresa como subsistema do conjunto mais amplo que é o sistema jornalístico, este sendo, por sua vez, parte do macrossistema de comunicação social (coletivo ou de massa, como queiram) agregado das imensas engrenagens de captação, tratamento e disseminação de mensagens, destinadas, de um lado, ao ajustamento informativo da sociedade e, de outro, aos objetivos persuasórios de vendas e dominação cultural.

O jornalismo empresarial, portanto, deve ser concebido e analisado como proposta especializada da atividade jornalística e não como função menor ou comparativamente menos importante que a função da grande imprensa. O discurso jornalístico é, sobremodo, o discurso do poder, na medida em que, nos sistemas políticos, fechados ou abertos, os grandes canais de comunicação procuram permear o meio social com as linguagens das estruturas dominantes. Assim, grandes jornais, pequenos boletins, jornais especializados, revistas, publicações patrocinadas pelo governo ou de propriedade privada, todos integram o vasto edifício da integração social e ideológica.

Tais considerações tornam-se pertinentes para eliminar, definitivamente, incompreensões a respeito do papel da chamada pequena imprensa, esse imenso caudal que coleciona publicações institucionais, de conteúdo e morfologias variadas, e que se concretizam nos boletins, jornais e revistas de grandes, médias e pequenas empresas, clubes de lazer e esportivos, associações de classe, de bairros e entidades beneficentes, secretarias de Estado, autarquias, ministérios, universidades, institutos, escolas, federações empresariais, enfim, de qualquer tipo de instituição que procure, por intermédio de um meio impresso, apresentar, desenvolver e aperfeiçoar seu conceito imagético e sua identidade institucional.

A compreensão da crescente importância que assume a publicação institucional e o conhecimento claro dos caminhos e etapas do *fazer* jornalístico são questões vitais para o sucesso de qualquer projeto nessa área. Não é aconselhável partir para um *fazer* sem, preliminarmente, descobrir-se o *porquê*.

Este trabalho enquadra-se nesse objetivo. Aqui estão ordenadas algumas informações que permitem clarear questões a respeito do jornalismo empresarial. E, neste ponto, cabe uma explicação sobre as idéias apresentadas. Por mais palpável que seja a realidade do jornalismo empresarial, pelo fato de estarmos permanentemente em contato com as mensagens de natureza institucional, difusas e esparsas são as posições a respeito da área. Verifica-se a falta de uma sistematização conceitual, o que tem impedido maior aperfeiçoamento e profissionalização, apesar da atividade jornalística nas empresas brasileiras atingir situação satisfatória e significativa, a ponto de, no perímetro Rio/São Paulo, podermos contar, com aproximadamente. 5.000 pessoas engajadas nessa função. Editores, assessores de imprensa, publicitários, profissionais de Relações Públicas, órgãos que congregam jornalistas (Sindicato, Associação de Editores de Revistas e Jornais de Empresa) têm, com certa freqüência, discutido a questão da comunicação institucional e manifestado opiniões a respeito das publicações empresariais. Mas também se têm ressentido da falta de um corpo de conceitos sobre o tema. É isto que observamos ao longo da nossa atividade profissional e acadêmica, relacionada com a comunicação empresarial.

Os conceitos e situações expostos neste trabalho resultam de experiências acadêmicas, na universidade, e na atividade profissional. Em 1972, com a nossa Tese de Doutoramento, na Universidade de São Paulo, sobre Comunicação e Jornalismo Empresarial, procuramos sistematizar o campo, esboçando uma teoria jornalística aplicada às empresas e um modelo de trabalho para o planejamento e a execução de projetos jornalísticos institucionais. A esse agregado conceitual, juntamos observações de caráter eminentemente prático, extraídas de cursos intensivos e de assessoria empresarial que ministramos e orientamos por mais de 15 anos.

O trabalho que aqui se apresenta, pois, caracteriza-se por certa dualidade. De um lado, o conceito, a história, a visão jornalística; de outro, normas práticas para o *ato de fazer*. Acreditamos que esta espécie de Manual — de resto, procuramos livrá-lo dos aspectos mais contundentes e específicos da pesquisa acadêmica — se insere no

13

esforço norteador e aperfeiçoador de uma atividade que interessa de perto não apenas a jornalistas mas também a profissionais de Relações Públicas, Propaganda, Marketing e Recursos Humanos, entre outros. Ademais, vale a pena lembrarmos que, no contexto da crise econômica, as organizações mais inteligentes procuram aperfeiçoar seus mecanismos de comunicação, agilizando-os e capacitando-os, com a finalidade de ampliarem faixas de mercado e sedimentarem suas ondas de influência. O jornalismo empresarial é parte desse complexo de situações.

Do ponto de vista formal, iniciamos com uma visão histórica do jornalismo empresarial, incluindo uma abordagem sobre o crescimento do setor, no Brasil. Em seguida, procuramos definir questões globais dentro das quais se insere a atividade, classificando as publicações quanto à forma e o conteúdo, levantando problemas e concluindo a primeira parte com um modelo de planejamento. A segunda parte é dedicada ao dia-a-dia do jornalismo empresarial e mostra aspectos técnicos necessários à eficácia dos projetos jornalísticos. E a última apresenta os principais resultados de uma pesquisa sobre o jornalismo empresarial no Brasil, mas, ao mesmo tempo, expõe e explica uma metodologia de análise para que os interessados em jornalismo e/ou jornalismo empresarial possam descobrir questões interessantes e de muita significação nas páginas impressas.

São Paulo, Setembro/87

PRIMEIRA PARTE

CONCEITOS E LIÇÕES

CAPÍTULO I

UMA VISÃO HISTÓRICA

1. OS PRIMÓRDIOS

De acordo com alguns autores, as cartas circulares das cortes da dinastia Han (fundada por Liu Pang, na China, no ano de 202 a.c.) constituíram-se nos primeiros precursores do jornalismo empresarial. Se isto é verdade, as origens do jornalismo empresarial remontam ao tempo dos primórdios do papel, pois foi durante o domínio da China pela dinastia Han que se fabricaram as primeiras folhas de papel, através da filtragem das fibras vegetais da amoreira e do bambu.

Também se pode dizer, aceitando-se as cartas de Han como precursoras do jornalismo empresarial, que ele surgiu numa época de grande progresso econômico e cultural. Os 418 anos da dinastia Han foram um período em que a China teve seu comércio com o Oriente Médio bastante aumentado, o que provocou uma fase de grande desenvolvimento econômico. E, na mesma época, a escultura, a pintura e a poesia atingiram momentos de grande importância, o budismo se introduziu no país, vindo da Índia, e a religião taoísta foi oficialmente estabelecida.

O verdadeiro e definitivo aparecimento do jornalismo empresarial novamente coincidiria com um período histórico de grandes transformações culturais e progresso econômico: a "revolução industrial", termo criado pelo historiador britânico Arnold Toynbee para designar as vastas mudanças sociais ocorridas em conseqüência do rápido desenvolvimento tecnológico registrado na Europa desde meados do século XVIII até o início do século XX.

As invenções de diversos modelos de máquinas de fiar, que proporcionaram a mecanização da indústria têxtil na Inglaterra, seguidas do progressivo aperfeiçoamento das máquinas a vapor, são tradicionalmente consideradas pontos de partida da revolução indus-

17

trial. Com elas, as pequenas indústrias rurais e domésticas da Inglaterra (e posteriormente de outros países) começaram a desaparecer. E foi exatamente este tipo de acontecimento que acabou por provocar o surgimento do jornalismo empresarial.

A automatização e o crescimento das indústrias determinaram uma ruptura de relações entre empregados e empregadores. Em conseqüência, os contatos pessoais, familiares e paternalistas que até então prevaleciam nas atividades industriais cederam seu passo para relações contratuais, impessoais e, até certo ponto, indiferentes. A partir dessa época, a divisão do trabalho tornou-se mais complexa, devido à crescente especialização de fábricas e equipamentos.

A especialização aumentou a complexidade das empresas e a divisão do trabalho gerou uma segmentação interna, com a criação de estruturas separadas. A ampliação das indústrias começou a prejudicar sua configuração global, tornando difícil para o operário compreender a sua posição em relação à empresa como um todo.

Outro fator que dificultava o estabelecimento de relações mais humanas nas indústrias em crescimento eram as diferenças culturais que separavam os trabalhadores oriundos do campo para a cidade, ao deixarem uma estrutura rural por uma estrutura urbana.

Algumas pessoas começaram a imaginar que uma das maneiras de solucionar essas contradições internas surgidas no meio empresarial seria a publicação de jornais ou revistas para os funcionários, com o objetivo de familiarizá-los com o ambiente e a própria política da organização e de diminuir as distâncias físicas entre a administração central e a base operária.

Por exemplo, em 1834, o economista alemão Friedrich List (1789-1846) escreveu a Georg V. Cotta, sugerindo-lhe a criação de um "jornal" para "instruir os trabalhadores sobre seus interesses". Já em 1840, na Suíça, a "Sociedade para a Promoção e Estímulo do Bem Público" organizou um concurso sobre o tema "progresso e divertimento da classe operária", e um professor de Saint Gall, chamado Peter Scheitlin, ganhou um prêmio com a sua proposta de se instituir um jornal destinado aos trabalhadores das indústrias (1).

Entretanto, não foram apenas motivos internos que levaram ao surgimento dos jornais de empresa. A produção em massa, cujos primórdios também se encontram na revolução industrial, trouxe maiores facilidades de produção e estabeleceu as bases do regime competitivo de mercado. A área de mercadologia começava a movimentar-se. Para enfrentar a concorrência, as empresas tiveram de multiplicar os seus mecanismos de comunicação, a fim de se tornarem mais conhecidas e ganharem a preferência do público.

Assim, surgiram as raízes dos dois tipos fundamentais de publicações de empresa: as externas (destinadas aos consumidores, acionistas, representantes, distribuidores) e as internas (destinadas aos funcionários). Mas não foram apenas estes os motivos de seu aparecimento.

A própria concorrência entre os meios de comunicação (que começavam, no final do século XIX, a se tornar meios de comunicação de massa, após o advento do jornalismo sensacionalista de Hearst nos Estados Unidos e de Lorde Northcliffe na Inglaterra) deu margem a um contínuo fluxo de informações às vezes dispersas e contraditórias, que encontravam uma audiência confusa ante o constante bombardeio de mensagens variadas. As publicações empresariais passaram a ser encaradas como um veículo dos mais importantes para a orientação do trabalhador, tornando-o capaz de compreender melhor não só o seu ambiente mas também o mundo, e promovendo a sua integração ao meio empresarial.

Também por esta época (meados e final do século XIX), ocorreu o grande avanço tecnológico da indústria das comunicações, que facilitou e barateou a produção de jornais, e abriu novas fronteiras no campo da impressão e editoração. Em 1814, por exemplo, surgiu a imprensa a vapor. Mas isto não chegou a ser de grande utilidade, pelo menos até 1860, pois ainda era utilizada a técnica de impressão com caixotes (ou molduras) e o sistema de composição manual, quase idêntico ao usado por Guttenberg, em 1440. Como disse Lorde Francis Williams, "a imprensa levou mais tempo para ser afetada pela revolução industrial do que outros setores, mas quando as inovações mecânicas surgiram, as transformações foram rápidas" (2).

Em poucos anos apareceram as impressoras rotativas, em substituição ao processo de impressão com chapas. Depois, vieram as máquinas de composição operadas por teclado e, mais tarde, as linotipos. Também a produção de papel aumentou bastante na época, com a descoberta de novas fontes de matéria-prima, entre as quais a polpa de madeira. Todas essas renovações e avanços no campo editorial simplificaram e baratearam ainda mais o processo de impressão, o que, decerto, deve ter estimulado as empresas a publicarem seus próprios jornais, tendo em vista as necessidades observadas.

Mais tarde, outra causa veio somar-se a estas, como motivo para o aparecimento e a expansão do jornalismo empresarial. O fortalecimento dos movimentos sindicais nos Estados Unidos e na Europa, no início do século, provocou a expansão da imprensa trabalhista. Por seu intermédio, os líderes sindicais descobriram um bom modo de disseminar seus argumentos junto ao operariado. O empresariado sentiu, então, a necessidade de apresentar uma outra versão para os acontecimentos interpretados através da imprensa trabalhista e, com este objetivo, passou a reforçar o campo das publicações empresariais — uma forma de reação à imprensa dos sindicatos.

No âmbito da tendência da empresa à organização e à estruturação dos serviços, as publicações passaram a ser instrumentos de comunicação, servindo tanto para a comunicação da comunidade operária com os centros de decisão como para a da administração com a base aprimorando o sistema operacional da empresa. As publicações empresariais tornaram-se, aos poucos, independentes dos motivos que levaram à sua criação, transformando-se em instrumentos do sistema empresarial destinados a favorecer o aumento de produção e a obtenção de maiores lucros, como os demais.

Mais recentemente, com o desenvolvimento das Relações Públicas, ganhou reforço, junto aos empresários, a idéia da operacionalidade e da utilidade desse tipo de publicação. As Relações Públicas defendem a necessidade de as empresas se tornarem conhecidas e desfrutarem de uma boa imagem perante todos os públicos dos quais elas dependam direta ou indiretamente (o que inclui, é claro, o público interno). E as publicações empresariais servem como instrumentos dos mais viáveis e eficazes dentro do esquema de promoção da imagem das empresas junto a seus públicos.

Dentro desse contexto, não é de admirar que as primeiras publicações empresariais sejam encontradas em meados e no final do século XIX e que seu número e importância tenham crescido consideravelmente durante todo o decorrer deste século.

Contudo, aquele que é mais comumente considerado como o primeiro jornal de empresa, o "Lloyd's List", surgiu na Inglaterra, no ano de 1696. Mas ele foi apenas um precursor, assim como os jornais internos publicados na prisão de Nova York, Estados Unidos, em 1800, e as cartas que, entre 1848 e 1849, o industrial alemão Friedrich Harkart escrevia a seus operários.

A primeira publicação regular de empresa, embora ainda não nos termos de hoje (por ser iniciativa apenas dos funcionários), a "Lowell Offering", foi escrita e publicada por um grupo de operários da Lowell Cotton Mills, em Massachusetts, Estados Unidos. Dimitri Weiss observa que esta revista foi citada pelo romancista inglês Charles Dickens em suas "Notas Americanas" (3). No ano de 1847, ela passou a chamar-se "New England Offering", já sem o apoio financeiro da empresa e publicando apenas poemas e prosa de seus colaboradores, para venda ao público. Sobreviveu até 1850.

Em 1847, ainda nos Estados Unidos, surgiu "The Mecanic", publicação da empresa H. B. Smith Company, dedicada à produção de material florestal. Esta publicação destinava-se aos clientes da firma. Em 1859, na Alemanha, foi editado o jornal "Friedensblatt für unser Haus" (Jornal da Paz para a Nossa Casa), que, no entanto, não se converteu em periódico. O jornal foi publicado no Natal daquele ano pelo fabricante de tecidos Karl Mez, em Fribourg, com o objetivo de obter e manter uma paz social periodicamente ameaçada naquela época.

Finalmente, em março de 1865, apareceu nos Estados Unidos, uma publicação de empresa periódica, que existe até hoje. Editada pelas Travelers Insurance Companies, inicialmente com o nome de "The Travelers Record", hoje ela se chama "Protection". Desde seu primeiro número, a publicação teve uma tiragem excepcional (50.000 exemplares, numa época em que as revistas líderes do país, o "Harper's Weekly" e o "Saturday Evening Post" tiravam 75.000 exemplares por edição). Contudo, "The Travelers Record", como ainda o faz sua sucessora "Protection", destinava-se aos representantes da empresa, e não aos funcionários.

O primeiro jornal especialmente dirigido aos funcionários parece ter sido o "Bergmannsfreund" (O Amigo dos Mineiros), "um periódico para o divertimento e a instrução dos operários mineiros", lançado em julho de 1870, na cidade alemã de Saarbruck. Mas havia uma diferença fundamental entre o "Bergmannsfreund" e os atuais jornais de empresa: sua manutenção não estava a cargo de uma única empresa, mas sim da Direção Nacional das Minas. Além disso, ele foi editado como suplemento ao "Saarbrucker Zeitung" até 1893, quando apenas então se transformou em publicação independente.

No mesmo ano de 1870, um industrial têxtil suíço da cidade de Herisan, chamado Jacob Steiger-Meyer anunciou, num congresso realizado em Berlim, que sua empresa publicava uma revista mensal, com o título "Ilustrierte Hausfreund", para os funcionários. Mas a existência de tal publicação nunca foi formalmente comprovada.

Assim, o primeiro jornal de empresa destinado aos funcionários, operando dentro dos moldes atualmente convencionados para o jornalismo empresarial e cuja existência não é posta em dúvida, parece ser o norte-americano "The Triphammer", publicado em 1885 pela Massey Harris Cox. Em 1887, surgiria em Daytona, Ohio, também nos Estados Unidos, o "NCR Factory News", editado pela National Cash Register Company, e que sobrevive até hoje.

Ainda em 1887, parece ter sido fundado o jornal da empresa Hazell, Watson and Linney Ltd., na Inglaterra. Apesar disso, alguns autores costumam dizer que este jornal, com o título "Hazell's Magazine", teria começado a circular em 1860, o que poderia dar-lhe o privilégio de ser considerado o primeiro periódico de empresa do mundo.

A partir de 1888, os jornais de empresa começaram a surgir regularmente em vários países, em número e com prestígio cada vez maiores. A I Guerra Mundial provocou uma interrupção neste progresso. Mas, após o seu término, houve uma verdadeira explosão de jornais e revistas de empresa: milhares de jovens voltavam dos campos de batalha e precisavam ser absorvidos por um sistema econômico em plena fase de expansão; as tensões sociais estavam agravadas e os direitos dos trabalhadores eram mais reivindicados do que nunca, devido, em parte, ao sucesso da Revolução Russa de 1917; o sistema de mercado no mundo ocidental solidificava suas tendências, nascidas no século anterior.

A crise econômica decorrente da quebra da bolsa de Nova York em 1929 arrefeceu um pouco o progresso do jornalismo empresarial, mas não tanto como se poderia supor. Com a crise, salários foram reduzidos e muitos operários dispensados. A imprensa trabalhista mantida pelos sindicatos, cada vez mais atuantes nos Estados Unidos e Europa, como já foi dito anteriormente, veiculava argumentos através dos seus órgãos. Como forma de reação, as empresas conservaram abertos os seus periódicos destinados aos funcionários.

Na II Guerra, processo semelhante ao da primeira voltou a acontecer: uma parada enquanto duraram os conflitos, seguida de um grande renascimento do jornalismo empresarial após o seu término. Atualmente, em quase todos os países do mundo ocidental, o jornalismo empresarial é uma realidade, significando, inclusive, em muitos casos, novas perspectivas de mercado de trabalho para os profissionais da imprensa.

O período de recessão enfrentado pela economia mundial nesta década afetou, de alguma forma (embora ainda não haja dados disponíveis para que possamos avaliar as proporções), o jornalismo empresarial. A maioria dos dirigentes de empresa acredita que, em momentos de crise, o jornal interno ou qualquer outra publicação mantida pela firma devam estar entre os primeiros cortes de despesa a serem efetuados. Apesar do vigor que conseguiu depois da II Guerra Mundial, o jornalismo empresarial continua a ser encarado como "artigo supérfluo" por grande parte dos empresários, que ignoram que é exatamente nos momentos de crise que essa atividade se revela mais útil para as empresas. Nesses períodos, as relações internas com os empregados ficam mais difíceis, conflitos surgem e precisam ser superados, e as publicações internas são arma de grande valor para resolver os problemas. Da mesma forma, nos momentos de dificuldade, os públicos externos precisam ser tranqüilizados e alertados para as possibilidades de se vencer a crise. Novamente, as publicações empresariais tornam-se da maior utilidade, muito mais do que quando as coisas caminham normalmente e não existe a necessidade de estímulos excepcionais para manter a estabilidade dos negócios e do sistema.

Ainda do ponto de vista histórico, é interessante observar a divisão feita por alguns autores. Dieter Hintze (4) tentou agrupar os jornais de empresa em três grupos históricos: patriarcal, protetoral e cooperativista. Apesar de ser possível a um observador mais exigente (como o faz Dimitri Weiss, por exemplo) classificar a divisão como um pouco simplista, a tentativa de Hintze merece destaque por ter sido uma das poucas já realizadas.

Weiss tenta juntar a fórmula de Hintze com a divisão feita por Heins von Gruben, que separou em três os principais períodos (iniciais) do jornalismo empresarial: antes de 1900, de 1900 à I Guerra Mundial e da I Guerra Mundial à crise de 1929.

Contudo, poder-se-ia usar a fórmula de Hintze para outros períodos históricos além dos três identificados por von Gruben. Assim toda fase do jornalismo empresarial de determinada sociedade que apresentasse características paternalistas poderia ser classificada como "patriarcal". Seria possível uma identificação através da constatação de que à empresa cabem todas as responsabilidades das publicações e de que os textos, em geral, são dirigidos da cúpula para as bases, com um espírito preocupado apenas em manter a situação como está.

A fase protetoral refletiria uma preocupação das direções empresariais com o início da tomada de consciência dos seus direitos pela classe operária, como aconteceu, por exemplo, na maioria dos países europeus no início deste século. A atitude do dono da empresa que se reflete através das publicações é de preocupação com as tensões sociais e de tentativa de solução dessas tensões, através de um comportamento protetoral em relação às classes operárias. Apesar disso, continuaria a haver uma clara influência nas publicações da cúpula diretiva sobre as bases.

Finalmente, o período cooperativista seria marcado por uma divisão de funções: as cúpulas e as bases têm acesso à publicação empresarial. No passado, esse período ficou bastante claro durante a experiência democrática da República de Weimar na Alemanha de após a I Guerra Mundial. Por exemplo, em março de 1919 surgiu o jornal "Der Bosch-Zünder. Eine Zeitschrift für alle Angehörigen der Robert Bosch A. G. und der Bosch-Metallwerk A. G. Stuttgart-Feuerbach". Na introdução ao primeiro número desse jornal fica bastante clara a orientação que define o jornalismo empresarial cooperativista: "Nós não devemos olhar o jornal de empresa como algo que emana da direção; nós devemos procurar uma operação ativa entre a Direção e o pessoal trabalhador. O periódico está à disposição dos comitês de nossa empresa para as suas mensagens e anúncios". Antes, o jornal dizia: "Sempre houve diferenças entre a direção e os trabalhadores, em matéria de opiniões, atitudes e objetivos. Mas, apesar disso, as condições necessárias para a felicidade de todos dependem da compreensão e da avaliação de nossa tarefa comum. O objetivo destas páginas é reforçar esta convicção dentro de nossa associação no trabalho" (5).

Em termos atuais, por paradoxal que possa parecer, já não é tão fácil encontrar órgãos do jornalismo empresarial que coloquem tão claramente os objetivos cooperativistas definidos por Hintze, como o jornal da Bosch o fizera em 1919. Pelo menos em termos de Brasil e de Estados Unidos, conforme ressalta Wladir Dupont (6), a publicação interna "raramente funciona como um veículo, ainda que esporádico, de queixas ou críticas dos empregados em relação ao empregador".

O jornalismo empresarial cooperativista parece estar vivo, no entanto, em alguns países da Europa, como por exemplo a Suécia, segundo depoimento, novamente de Wladir Dupont: "Suécia, onde ultimamente os jornais e revistas de empresa vêm abordando assuntos polêmicos como as despedidas em massa. Esses jornais acolhem críticas à gerência ou cartas de empregados que atribuem às empresas a culpa pela falta de maior segurança interna, a qual gerou um ou outro acidente de trabalho. ... Essa orientação vem sendo apoiada pela Federação dos Empregadores da Suécia, que acredita numa comunicação nos dois sentidos, que possibilita ao trabalhador muito mais satisfação e respeito pelo seu trabalho".

Dupont cita o gerente de pessoal de um grande estaleiro sueco, Lars Fredholm, a respeito do sistema: "Aprendemos que é muito melhor receber críticas abertas sobre a nossa companhia no jornal interno do que ver os empregados insatisfeitos por essa ou aquela razão saírem por aí se queixando. Claro que nada impede que digam o que pensam, mas também nada impede que eu responda às críticas". Outro autor, também citado por Dupont em seu artigo, é o escritor e jornalista sueco Osten Johansson, que sugere "a criação de comitês mistos de empregados e empregadores para dirigir a publicação interna, fazendo com que os trabalhadores tenham voz mais ativa, até mesmo na escolha de um novo editor, e diminuindo o peso da influência da gerência sobre a publicação".

Outro autor que tentou esquematizar um modelo com as divisões históricas do jornalismo empresarial foi Dimitri Weiss, de acordo com referência feita por Jean C. Texier (7). Segundo Weiss, a imprensa de empresa conheceu três épocas: a era do divertimento (antes de 1940), a era da informação (1940-1950) e a era da interpretação e persuasão (depois de 1950). Novamente, pode-se considerar tal divisão como muito simplista, assim como também se pode classificar sob qualquer dos três rótulos publicações empresariais existentes em outras épocas que não as diretamente relacionadas com cada tipo pelo autor. Deste modo, é possível que ainda hoje haja jornais que correspondam às características da fase de divertimento, como pode ter havido, antes de 1940, jornais cujas características os encaixariam na fase da interpretação e persuasão.

O campo da divisão e da classificação histórica do jornalismo empresarial ainda está aberto aos teóricos que queiram formular novos modelos. Da mesma forma, ainda está a necessitar de grande desenvolvimento o setor das estatísticas relativas ao jornalismo empresarial. Não se trata de um mal apenas brasileiro, como se conclui da afirmativa de Jean Texier: "Por falta de estatísticas sérias, a avaliação do número e da tiragem dos jornais de empresa é extremamente difícil".

Contudo, Texier nos fornece uma situação da imprensa de empresa em 1972, em diversos países do mundo, que mostra bem como esse setor do jornalismo cresceu, desde suas mais remotas origens, nas cortes da dinastia Han:

País	Número	Tiragem
USA	15.000	360.000.000
Japão	3.000	100.000.000
Inglaterra	1.800	17.000.000
França	800	5.000.000
Alemanha Oc.	650	1.600.000
Alemanha Or.	500	5.100.000
Holanda	450	1.500.000
Suíça	360	700.000
Noruega	360	700.000
Suécia	200	1.200.000
Itália	133	1.200.000
Finlândia	94	1.300.000
Luxemburgo	80	300.000
Dinamarca	70	1.000.000
Áustria	60	310.000
Grécia	20	75.000

Os tipos e formas variam de conformidade com os objetivos. São boletins, jornais ou revistas que se endereçam, conjuntamente, a todos os empregados ou a outros públicos ligados às empresas.

Na Alemanha, por exemplo, o jornalismo empresarial encontra seu equivalente na expressão *Firmenzeitschriften*, que reúne todas as publicações periódicas de uma empresa: a) os jornais técnicos e representantes de grandes firmas nacionais e internacionais; os jornais para uso externo, destinados particularmente aos revendedores e intermediários (*Hauszeitschriften*); os jornalistas para uso externo, destinados aos clientes (*Kundenzeitschriften*); e os jornais para uso interno, destinados aos trabalhadores e suas famílias (*Werkzeitschriften*).

2. NO BRASIL

O Brasil conheceu o jornalismo empresarial muito depois de seu aparecimento e expansão nos Estados Unidos e na Europa. Se considerarmos a revista "Lowell Offering" como a primeira publicação empresarial, veremos que o Brasil só veio a inaugurar sua familiarização com essa especialidade jornalística cem anos depois de seu início nos Estados Unidos.

Isso se deve, em grande parte, ao retardamento sofrido pelo Brasil em seu processo de industrialização, quando comparado com os Estados Unidos e a maioria dos países europeus. Nossa "revolução industrial" praticamente só teve início em 1930, quando a revolução política ocorrida naquele ano começou a dar prioridade ao setor industrial, ao contrário do que havia ocorrido até então.

Analisando-se o progresso do jornalismo empresarial no país, pode-se notar que ele acompanha o da industrialização: primórdios na década de 40, expansão na década de 50 e estabelecimento definitivo nos anos 60. Também se pode associar o crescimento do jornalismo empresarial ao das Relações Públicas. Foi apenas em 1951 que apareceu o primeiro departamento de Relações Públicas de âmbito nacional no país, e, em 1953, a Organização das Nações Unidas e a Escola de Administração de Empresas da Fundação Getúlio Vargas inauguraram, sob a regência do professor Eric Carlson, o primeiro curso regular de Relações Públicas no Brasil.

Outro motivo que talvez tenha provocado o retardamento dos jornais de empresa em nosso país foi o atraso com que recebemos os avanços tecnológicos nas artes gráficas e editoriais. Assim, por exemplo, enquanto em 1895 a empresa Hoe, de Filadélfia, fabricava impressoras que podiam imprimir em uma hora 24.000 exemplares de jornais de 32 páginas cada um, no Brasil chegava o primeiro prelo italiano Derriey, com a capacidade de imprimir 5.000 exemplares por hora. Em 1902, quando nos Estados Unidos já se conseguia imprimir 72.000 cópias por hora, no Brasil começavam a chegar as primeiras rotativas com capacidade para imprimir 15.000 exemplares.

Dessa maneira, foi apenas durante os anos 40 e 50, quando também se desenvolveram as indústrias, as Relações Públicas e a tecnologia no setor editorial, que o jornalismo empresarial começou a firmar-se no país. É claro que, como sempre, houve precursores.

O primeiro deles parece ter sido o "Boletim Light", fundado em 1925 por um grupo de funcionários da Light. A experiência durou três anos.

Mais feliz foi a revista "General Motors", editada pela recém-criada General Motors do Brasil, no ano de 1926. Era distribuída mensalmente a todos os operários, à saída do expediente: 12 páginas, impressas em duas cores e com um formato de 16 por 23 centímetros. Seu primeiro diretor foi J. V. Campos.

"General Motors" teve vida relativamente longa, apesar de seu nome ter mudado várias vezes ("General Motors Brasileira", "Chevrolet Brasileiro", até transformar-se em 1949 em "Vida na GMB", uma revista que marcou época pela sua qualidade gráfica e redacional, até então incomum) (8).

Em 1929, segundo depoimento de Cláudio de Assumpção Cardoso (9), começou a ser publicada pelos funcionários da Estrada de Ferro Sorocabana a revista "Nossa Estrada", mantida por assinaturas de empregados e por anúncios, e subsidiada pela ferrovia. As assinaturas custavam 20 mil réis e eram "annuaes, comprehendendo 12 fascículos", conforme se pode ler no expediente de seu número 2. O diretor da revista era o sr. Mário Wanderley.

Assim como o "Boletim Light", "Nossa Estrada" não pode ser considerada um exemplo típico de jornalismo empresarial: ambas as publicações constituíram iniciativas unilaterais dos empregados (apesar da anuência da empresa). Mais ainda, no caso de "Nossa Estrada", a cobrança de assinaturas e a veiculação de anúncios pagos a descaracterizam como órgão de jornalismo empresarial. Contudo, são importantes precursores dos jornais e revistas de empresa.

Outra publicação atípica do jornalismo empresarial, mas considerada uma precursora, é "Ferrovia", publicada pela Associação dos Engenheiros da Estrada de Ferro Santos-Jundiaí, no ano de 1938. Exatamente por ser órgão de uma associação, e não de uma empresa, ela não representa muito bem o espírito do jornalismo empresarial.

Na década de 1940, numerosos órgãos empresariais começaram a surgir, conforme ressalta Breno Ribeiro Würdig (10). Só em Porto Alegre, ele anotou a existência do "Informativo Renner", fundado em 1945 pela A. J. Renner S/A, do qual foi redator durante 25 anos; "Revista do Banco do Brasil", publicada pela Filial de Porto Alegre do BB e "Boletim Preto e Branco", editado pela Livraria Globo S/A.

Na década de 1950, o sr. Würdig ressalta o surgimento do "Informativo Agrímer", editado pelo Banco Agrícola Mercantil (hoje Banco Sulbrasileiro), do "Boletim Eberle", da Metalúrgica Eberle, de Caxias do Sul, e do "Informativo Wallig", publicado pela Metalúrgica Wallig S/A.

Muitos outros órgãos empresariais surgiram na década de 50, no Brasil. Entre eles, o "Aluminito" (1954), da Alcan Alumínio do Brasil. Mas a explosão de jornais e revistas de empresa em nosso país viria nos anos 60, aparecendo, entre outros: "Revista Ipiranga" (1960), da Refinaria de Petróleo Ipiranga; "Atualidades Nestlé" (1962), da Nestlé; "Panorama" (1962), da General Motors do Brasil; "Família VW" (1963), da Volkswagen do Brasil, e inúmeros mais.

Foi também na década de 60 que começou a surgir uma tentativa de se unificarem esforços na área do jornalismo empresarial no Brasil. Por exemplo, em 1967 a Associação Brasileira de Administradores de Pessoal (ABAPE) promoveu o I Concurso Nacional para escolha das melhores publicações de empresa nacionais. Em outubro do mesmo ano, cerca de cem representantes de empresas reuniram-se em São Paulo para participar do I Congresso Nacional de Editores de Publicações de Empresa, e aprovaram a criação da ABERJE — Associação Brasileira de Editores de Revistas e Jornais de Empresa — entidade que, desde então, vem tentando sistematizar os trabalhos neste setor, ainda tão pouco conhecido e divulgado no Brasil.

A ABERJE tem desenvolvido um trabalho no sentido de institucionalizar as atividades jornalísticas na empresa, seja através de convenções ou de normas, instruções e diretrizes de atuação e orientação. Apesar das dificuldades e da mentalidade que ainda impera em boa parte do empresariado brasileiro (até o momento não suficientemente esclarecido para considerar a publicação como necessidade vital em sua política de comunicação), a ABERJE vai firmando sua imagem.

Na época de sua criação, reinava completa improvisação. Funcionários de escalões inferiores reuniam-se para fazer o jornal ou boletim, escreviam eles próprios os textos, os desenhos, ajeitavam de qualquer maneira a forma gráfica da publicação, datilografavam tudo e faziam até o trabalho de impressão em mimeógrafos. Muitas publicações já morriam no nascedouro, condenadas pela indefinição de objetivos, pelo amadorismo e pelo completo desconhecimento técnico de seus planejadores.

Pouquíssimas empresas apresentavam boas publicações, e estas, se saíam regularmente, era mais pela paixão e zelo de alguns abnegados do que por princípio de rotina empresarial. Aos poucos, contudo, a situação foi mudando e o jornalismo empresarial tornando-se uma atividade profissionalizada.

É curioso observar que há grande dificuldade em conseguir números precisos a respeito da situação do jornalismo empresarial no Brasil. Em 1967, realizou-se, em Berlim Ocidental, um Congresso Internacional da Imprensa Industrial. Nos números divulgados por este Congresso, o Brasil ocupava posição de destaque: a Alemanha Ocidental apresentava 500 publicações de empresa, com 5,5 milhões de exemplares e 16,5 milhões de leitores; a Itália, 150 publicações e 1,5 milhão de leitores; e o Brasil aparecia com 200 publicações, com uma tiragem de 400.000 exemplares e 1,2 milhão de leitores. Contudo, não se sabe quem realizou essas pesquisas nem se elas podem ser dignas de crédito.

Na Convenção realizada pela ABERJE, em outubro de 1972, um documento foi aprovado pelos participantes: o texto falava em "800 publicações empresariais, de todos os tipos e formas, com uma tiragem que chega perto de 2 milhões de exemplares". Procurando-se saber a origem deste dado, chegou-se à conclusão de que ele havia sido extraído de cálculos feitos improvisadamente por um dos grupos de trabalho da convenção.

A IV Convenção Nacional de Editores de Revistas e Jornais de Empresa, promovida também pela ABERJE, em 1975, pretendeu, em seu relatório final, dar uma visão mais realista a respeito das estatísticas do jornalismo empresarial no país. Segundo ele, as publicações empresariais brasileiras já superam a casa das 400, o que colocaria o Brasil entre os dez países com maior número de publicações de empresa do mundo (11).

Contudo, a própria existência de dados contraditórios como estes demonstra a necessidade de aprofundamento dos estudos estatísticos no setor, para que se possa ter uma idéia mais real da sua atual situação no Brasil.

3. A DIVISÃO DE RESPONSABILIDADES

Desde o seu aparecimento, as publicações sempre foram consideradas veículos a serviço das Relações Públicas. Com isto concordam autores como Jean Chaumely e Denis Huisman, Scott Cutlip e Allen Center, Paul I. Slee Smith, Bertrand Canfield, James Derriman, Herbert Baus e os brasileiros Cândido Teobaldo de Souza Andrade, J. R. Whitaker Penteado, Martha Alves D'Azevedo, Roberto Paula Leite, entre outros.

São inúmeras as definições sobre Relações Públicas (12), não sendo objeto deste trabalho discorrer detalhadamente sobre o assunto.

Em qualquer definição que busquemos, no entanto, há sempre um vínculo da publicação à área. L. Salleron, definindo Relações Públicas, atribui ao campo o conjunto de meios utilizados pelas empresas para criar um clima de confiança entre o seu pessoal, entre os grupos com os quais estão em contato direta ou indiretamente e, geralmente, entre o público, a fim de manter a sua atividade e favorecer o seu desenvolvimento (13). No conjunto desses instrumentos incluem-se as publicações empresariais, dirigindo-se para o ambiente interno (organizacional) e para o ambiente externo (sistema competitivo e opinião pública).

Cândido Teobaldo, ao falar dos veículos de comunicação dirigida das Relações Públicas, destaca as publicações, atribuindo-lhes os seguintes objetivos: 1) explanação das políticas e diretrizes da empresa; 2) informações a respeito dos processos de trabalho; 3) humanização das atividades da empresa através de notícias relativas ao seu pessoal; 4) promoção de campanhas de segurança e de interesse geral; 5) interpretação do papel da empresa; 6) melhoria do moral dos empregados; 7) facilidade de compreensão e respeito mútuos entre a empresa e os seus públicos (14).

Nesta síntese, evidencia-se toda a força comunicadora de uma publicação junto à comunidade interna e ao público externo. Fica implícito que os objetivos arrolados para as publicações são objetivos de Relações Públicas.

Discorrendo sobre o mesmo problema, Chaumely e Huisman salientam que as manifestações mais clássicas das Relações Públicas internas consistem em conferências de informação, apresentação de filmes, reuniões de grupos, seminários, *jornal de empresa interno.* Mas as publicações, segundo estes mesmos autores, desempenham um grande papel nas relações públicas externas: "O jornal de empresa, se possui uma edição especialmente concebida para o exterior, permitirá a uma grande parte da clientela estar bem informada" (15).

Os objetivos apregoados por esses autores para as Relações Públicas pressupõem o estabelecimento e o restabelecimento de fluxos de comunicação, de multiplicação de fontes de comunicação, entre os quais estão as cartas pessoais, as publicações de toda espécie, as exposições, os encontros e fatalmente os jornais e revistas de empresa. O papel das publicações é visto desta maneira: "A comunicação virá tornar públicas as intenções, revelar claramente para onde vai a empresa, mostrar a cada um o que é a coletividade no trabalho, permitindo a todos a participação no esforço comum, fazendo-os solidários de um mesmo ambiente de boa vontade, num grande impulso coletivo. O *house-organ* permitirá que essa ligação se torne efetiva: contribuirá poderosamente para lançar pontes entre os diversos públicos, entre as coletividades. Graças a ele, o pessoal de uma

30

empresa encontrará um laço que o unirá necessariamente, num sentido particularmente caloroso de pertencer ao grupo. É assim que as relações não poderão deixar de ser públicas".

Reivindicando para si a responsabilidade pela produção das publicações empresariais, as Relações Públicas repartiram os públicos da empresa em três grandes categorias e deram a cada uma delas um canal próprio. O público interno, constituído por empregados, agentes, vendedores e todo o pessoal ligado diretamente à empresa, ficou com as suas publicações internas; as publicações externas foram destinadas aos acionistas, consumidores reais e consumidores em potencial, distribuidores e representantes; e, com base na suposição de que muitas informações relativas à empresa, como sua organização, história, produtos, vendas, expansão e programas, interessam tanto a consumidores, acionistas, distribuidores como a vendedores e empregados, surgiu um público misto que ganhou, conseqüentemente, uma publicação mista (interna/externa).

É patente que as Relações Públicas contribuíram decisivamente para o fortalecimento das publicações empresariais. Mas o direito de responsabilidade sobre todos os tipos de publicações sempre foi discutível. Alguns autores são favoráveis aos pontos de vista das Relações Públicas, quando as publicações se dirigem especificamente à comunidade externa, aos líderes, aos acionistas. Neste caso, aparecem publicações da mais alta qualidade técnica, especialmente na categoria *revistas*. Possivelmente por considerar que as Relações Públicas poderiam exercer um trabalho mais eficaz se se voltassem principalmente para o meio externo, os Departamentos de Relações Industriais e de Pessoal começaram a reivindicar também uma parcela de responsabilidade sobre determinado tipo de publicações: as dirigidas ao público interno. Os pontos de vista favoráveis aos Departamentos de Relações Industriais e de Pessoal se manifestam mais freqüentemente quando os públicos internos são formados por empregados típicos: empregados que se envolvem em reclamações, acordos coletivos, etc. Isto é, as Relações Industriais ou o Departamento de Pessoal reivindicam a responsabilidade das publicações internas, sobretudo nas empresas onde se verificam constantes problemas de relacionamento humano. E, quando conseguem tirar as publicações internas da área das Relações Públicas, produzem publicações menos onerosas, modestas, menos formais, mas que desempenham perfeitamente um papel decisivo na política de relações humanas.

As responsabilidades sobre as publicações tornam-se cada vez mais divididas. Ora é o Departamento de Vendas que edita uma publicação para vendedores; ora é o Departamento de Pessoal que tira das Relações Públicas a responsabilidade sobre a publicação interna. Em algumas empresas, as publicações para todos os públicos são feitas pelo Departamento de Promoções. A ausência de um ou outro tipo de departamento na empresa acentua mais ainda a divisão de responsabilidades.

4. A IMPRECISÃO TERMINOLÓGICA

A divisão de responsabilidades, a própria dispersão espacial das empresas, a multiplicação dos públicos e o conseqüente aparecimento de uma tipologia diversificada de publicações deram origem ao que timidamente se convencionou chamar de "imprensa de empresa", "imprensa semiconfidencial", "imprensa industrial" ou "periodismo industrial".

No rol de publicações proposto por Canfield ou por Smith, nos seus livros sobre Relações Públicas, surge uma primeira constatação: a de que essa imprensa de empresa cobre todos os tipos de jornais, boletins, manuais e quadros de avisos, enfim, publicações destinadas a empregados, clientes, fornecedores e a todas as pessoas para as quais a empresa se dirige, direta ou indiretamente.

Será mesmo esta a dimensão que pode assumir a imprensa de empresa? Um manual de instruções para orientação aos novos empregados pode, por exemplo, assumir as funções de um canal da imprensa? Antes de colocarmos as coisas no seu devido lugar, lembramos, mais uma vez, que os pontos de vista sobre o problema variam de acordo com a ótica de cada país. A Confederação Geral da Indústria Italiana realizou, em 1968, uma pesquisa sobre publicações industriais, onde foram arrolados, sob o título de "Periódicos das Empresas Industriais Italianas", tipos os mais variados, inclusive alguns que continham um interesse puramente publicitário.

Os americanos falam de duas categorias distintas de publicações empresariais: os jornais de empresa, que assumem designações de *company publications* ou *house-organs*, e as publicações chamadas *trade publications* ou *business publications*. Isto é, de um lado, estão as publicações de empresa (internas, externas ou mistas), de outro, estão agrupadas as publicações do mundo dos negócios empresariais, as quais visam a defender os interesses industriais. Seriam estas as publicações editadas por entidades representativas de determinados agrupamentos industriais. Poderíamos citar, como exemplo, a Revista *GLP*, brasileira, editada pela Associgás, que objetiva essencialmente a defesa dos interesses dos produtores de gás liquefeito de petróleo.

Na França, logo depois da II Guerra, as publicações de empresa eram chamadas de *journaux d'usine, revues d'usine* ou mesmo *périodiques d'usine*. Hoje, os franceses já falam em jornais de empresa ou imprensa de empresa, termo que cobre a variedade de tipos e denominações das publicações.

Evitando-se usar o termo genérico (imprensa de empresa) e analisando as denominações específicas, aparece uma certa imprecisão terminológica. Nos primeiros anos da imprensa de empresa, nos Estados Unidos, as publicações eram conhecidas pelo termo *house-organ* hoje ainda muito usado, mas sempre combatido por muitos especialistas. Como foi inicialmente convencionado, o termo *house-organ* compreendia as publicações para o ambiente externo à organização, embora literalmente ele signifique "órgão da casa". A Conferência dos Presidentes das Entidades Filiadas à Federação das Associações Européias de Redatores de Jornais de Empresa (FEIEA), com o objetivo de evitar a confusão criada pela utilização dos mesmos termos que designavam tanto as publicações de uso interno como as de uso externo, decidiu adotar, em 1958, em Haia (Holanda), as expressões *house-journal* e *house-organ*. A primeira para significar o jornal de empresa interno e a segunda para caracterizar as publicações destinadas ao público exteno. Esta atitude, ao que parece, contribuiu para tornar ainda mais confuso o panorama terminológico.

Não são poucos os autores que até hoje consideram o *house-organ* uma publicação interna, como, por exemplo, o brasileiro Whitaker Penteado (16). O mal-entendido semântico deu origem a conotações depreciativas de muitos redatores de companhias (17) ou a fortes objeções, como esta feita por Chaumely e Huisman: "Saliente-se que o órgão externo é designado por *house-organ*, o que nos parece um pouco paradoxal, de acordo com as diferenças entre os tipos de publicações. (...) No órgão interno, a empresa dirige-se a si mesma; no órgão externo (*house-organ*), a empresa dirige-se a todo mundo; no órgão semi-externo, a empresa dirige-se aos que a fazem viver e que vivem dela. E o *house-organ* é o menos *casa*", embora conceitualmente signifique "órgão da casa".

Como agrupar todos os tipos de publicações, de forma que cada um possua a sua própria natureza técnica, os seus conteúdos definidos, os seus objetivos limitados? Como separá-los e distingui-los, de modo a pôr um ponto final na confusa terminologia, nos atritos gerados pela divisão de responsabilidade sobre as publicações? Tentaremos responder a estas questões mais adiante. No entanto, muitos problemas referentes aos objetivos e à terminologia podem ser facilmente resolvidos, quando as publicações empresariais — sejam elas designadas por publicações de companhia, *house-organs*, *home-organs*, jornais de empresa, revistas de empresa, publicações industrial, *house-journal,* ou tenham elas a feição de jornais, revistas, boletins, relatórios, manuais, brochuras, *folders,* etc. — passarem a ser analisadas de acordo com o sistema de comunicação empresarial.

33

5. REFERÊNCIAS

1. Keller, Walter. "Die Personalzeitung in Schweizerische", in *Schweizerische Arbeitgeber Zeitung* 43, 1947, p. 59.

2. Williams, Francis. "A Era de Hearst e Northcliffe", in *História do Século XX, volume* I, São Paulo, Editora Abril Cultural, 1968, p. 5.

3. Weiss, Dimitri. *La Communication dans les Organisations Industrielles,* Paris, Editions Sirey, 1971, p. 28.

4. Hintze, Dieter. *Die deutsche Werkseitschrift Wesen-Entwicklung-Aufgaben,* Berlim Wirstchaftlrichen und Fakulat, 1955.

5. D. Weiss, op. cit., p. 27.

6. Dupont, Wladir. "Jornal Interno com mais Força na Empresa Sueca", in *Indústria e Desenvolvimento,* junho, 1975, p. 23.

7. Texier, Jean C. "Jornal de Empresa", Trad. Éride D'Albuquerque Silveira, in *Cadernos Proal* 4, 1974, pp. 26-28.

8. *Panorama* 139 (edição especial do cinqüentenário), jan./fev. 1975, p. 20.

9. Cardoso, Cláudio Assumpção, carta de 6/11/74.

10. Würdig, Breno Ribeiro, carta de 11/2/74.

11. *IV Convenção Nacional de Editores de Revistas e Jornais de Empresa,* relatório final, maio 1975.

12. Gilbert Delcros catalogou só nos Estados Unidos 987 definições de Relações Públicas para a Revista "Vente et Publicité". *Les Relations Publiques,* Paris, 1959, p. 17, *apud* Andrade, op. cit., p. 35.

13. Salleron, L. *Les Relations Publiques dans la Société Moderne,* AFAP, 1957. pp. 31-46.

14. Andrade, Cândido Teobaldo de S. *Para Entender Relações Públicas.* 2.ª ed., Gráfica Biblos Ltda., S. Paulo, 1965, pp. 167-168.

15. *As Relações Públicas,* p. 27.

16. "Os *house-organs* são publicações internas de empresa, geralmente sob a forma de boletim ou pequenas revistas, que têm a finalidade de integrar melhor a comunidade de trabalho, através do noticiário de todas as atividades da empresa de interesse dos seus próprios empregados e do noticiário sobre esses empregados para a empresa", cf. *As Rel. Púb. nas Emp. Mod.,* p. 89.

17. Durante anos, as publicações eram chamadas de órgãos de casa, um designativo a que os redatores das companhias fazem objeção, julgando-o portador de "imerecidas conotações depreciativas. Alguns redatores preferem a expressão publicações industriais. Na verdade, a principal organização dos redatores de companhia, nos Estados Unidos, é chamada de *International Council of Industrial Editors".*

CAPÍTULO II

AS FORMAS DO JORNALISMO EMPRESARIAL

1. AS CARACTERÍSTICAS DO JORNALISMO

O jornalismo é uma atividade da comunicação de massa. Comunicação, como se sabe, é o processo de transmissão de idéias e informações entre os indivíduos. A comunicação de massa é aquela que se dirige a uma audiência relativamente grande, heterogênea e anônima. Logo, mensagens endereçadas a indivíduos específicos não são habitualmente consideradas comunicação de massa.

A comunicação de massa é pública, rápida e efêmera. Pública porque, na medida em que as mensagens não são endereçadas a ninguém em particular, seu conteúdo está aberto ao público; rápida, porque as mensagens são transmitidas para atingir grandes audiências em tempo relativamente curto, e mesmo simultaneamente; efêmera, porque a intenção é a de que seja absorvida imediatamente. Outra característica: quem comunica trabalha geralmente dentro de uma complexa máquina institucional.

O jornalismo é uma atividade de comunicação de massa que tem todas estas características: audiência ampla, heterogênea e anônima; produto público, rápido e efêmero; atividade exercida por uma instituição.

O teórico alemão Otto Groth atribuiu ao jornalismo quatro características: a *atualidade*, a *periodicidade*, a *universalidade* e a *difusão* (1). A atualidade consiste na transmissão de fatos novos, atuais, ou, como diz Luiz Beltrão, "é a vivência do quotidiano, do presente, do efêmero. O jornalismo procura nele penetrar e dele extrair o que há de básico". Com isso, Beltrão quer dizer que o jornalismo faz a história do presente, do fundamental e perene, embora essa perenidade valha, apenas, por alguns dias ou algumas horas (2). É uma das principais características que distingue, por exemplo, o jornalismo da atividade de editoração.

35

Por periodicidade entende-se o aparecimento regular e oportuno de fatos correntes, conceito que se liga, portanto, à característica da atualidade.

A universalidade compreende o acervo de informações de todas as áreas do conhecimento humano, ou, como diz Roger Clausse, agrupa "as curiosidades diversas e múltiplas de uma clientela aberta a todos os ruídos do mundo" (3), sendo também conhecida como variedade.

A última característica está ligada à necessidade do acesso ao público pelo objeto do jornalismo: mensagens através de canais. A difusão coletiva é o elemento novo, como diz Marques de Melo, "que define bem a função do jornalismo como instrumento público, ao alcance de todos. Isso se processa através dos seus veículos: a imprensa, o rádio, a televisão e o cinema" (4).

Se a atividade jornalística implica uma realização material — a produção de jornais e revistas, por exemplo —, o jornalismo é também uma arte e uma técnica. Arte, porque trata de unir componentes básicos de criação, tanto no plano da elaboração intelectual como no plano de trabalhos gráficos e plásticos; técnica, porque correlaciona faculdades científicas e artísticas, assegurando um rendimento prático aos objetivos do jornalismo.

2. OS GÊNEROS JORNALÍSTICOS

O jornalismo busca na comunicação de massa os fundamentos que deram origem ao que denominamos gêneros jornalísticos. Vamos encontrar em Lasswell os fundamentos iniciais. Ele relaciona para a comunicação de massa três atividades: 1) detecção prévia do meio ambiente; 2) correlação das partes da sociedade em reação a esse meio; 3) transmissão da herança social de uma geração a outra. Charles Wright juntou a estas três atividades mais uma: a do entretenimento (5).

A detecção prévia compreende a coleta e a distribuição de mensagens sobre os acontecimentos do meio ambiente. Os atos de correlação das partes em reação ao meio incluem atividades de seleção e interpretação de mensagens, pois nem tudo o que ocorre é objeto de interesse da comunicação de massa; a terceira atividade relaciona-se com o sistema educacional. E o entretenimento abrange as mensagens com intenção de distrair, sem qualquer preocupação quanto aos efeitos instrumentais que elas poderão provocar. Assumem as características de formas compensatórias imediatas, dando ao leitor uma sensação de liberação nos momentos de ócio.

Do primeiro objetivo da comunicação, surge um gênero jornalístico que tem como produto básico a notícia, o relato puro dos acontecimentos, assemelhando-se o máximo possível aos comunicados que, segundo Hayakawa, excluem, na medida das possibilidades, as inferências e julgamentos (6). O primeiro gênero é, pois, o jornalismo informativo. As matérias inseridas neste gênero se identificam nos *flashes*, nas notícias e nas reportagens comuns.

Os atos de seleção e interpretação das informações fornecem-nos elementos para fundamentar mais dois gêneros jornalísticos: o gênero interpretativo e o gênero opinativo. O gênero interpretativo é aquele que vai em busca do "noticiário de profundidade, conduzindo o leitor ao palco de ações, relatando as notícias dentro da moldura da vida e experiência do leitor, demonstrando o sentido dos fatos, dando perspectivas às notícias diárias, significado às ocorrências, apontando a relevância dos pontos de vista". Curtis McDougall, ao discorrer sobre ele, diz que nada hoje pode ser considerado um fenômeno isolado. Na realidade tudo se origina de uma raiz causal comum: "um movimento político, um mercado em alta, um aumento de práticas supersticiosas ou qualquer outra excentricidade" (7). Neale Copple apresenta o jornalismo interpretativo como o jornalismo dos antecedentes completos, dos fatos que dão origem às notícias, o jornalismo das análises e explicações (8).

Estão dentro deste gênero as grandes reportagens, os comentários analíticos, as matérias de pesquisa, etc.

O jornalismo opinativo, a seu turno, agrupa todas as mensagens que objetivam orientar, persuadir ou influenciar a conduta, aproximando-se ao máximo das inferências e julgamentos. Os editoriais, as crônicas, os artigos, enfim, todas as matérias onde esteja claramente expressa a opinião da fonte enquadram-se no gênero opinativo.

Torna-se, por vezes, difícil separar a interpretação da opinião. Rafael Mainar deixa isto bem claro quando falando sobre interpretação, diz: "A mera informação, sem um juízo de valor que a valorize e a interprete, faria do jornalismo um algaravia sem ordem nem conserto e deixaria ao leitor a pesada carga de buscar os *porquês* e *para quês* do que acontece" (9). Mainar desejou, com esta afirmação, fundamentar o jornalismo interpretativo. Mas, ao empregar o termo "juízo de valor", caiu justamente no principal elemento que alimenta o jornalismo opinativo. Este gênero apóia-se essencialmente no julgamento, no juízo de valor que a fonte empresta à matéria.

Do ponto de vista técnico, as matérias situadas anteriormente para cada gênero são os denominadores comuns para as distribuições que se possam estabelecer.

O entretenimento, como quarta atividade básica da comunicação, dá origem a matérias de entretenimento.

Há autores que falam em jornalismo *diversional* (10), distinguindo entre este gênero jornalístico e a categoria de mensagem *entrete-*

nimento. O jornalismo *diversional* estaria fundamentado naquilo que Edgar Morin chama de "sincretismo do real e do imaginário". "Este sincretismo tende a unificar numa certa medida os dois setores da cultura industrial: o setor da informação e o setor do romanesco. No setor da informação, são muito procurados os fatos diversos (isto é, essa faixa do real onde o inesperado, o bizarro, o homicídio, o acidente, a aventura irrompem na vida quotidiana) e as *vedetes*, que parecem viver abaixo da realidade quotidiana. A informação se reveste de elementos romanescos, freqüentemente inventados ou originados pelos jornalistas (amores de vedetes e princesas). (...) A cultura de massa é animada por esse duplo movimento arremedando o real e do real pegando as cores do imaginário" (11).

Tornar-se-ia nítida, pois, a diferença entre este tipo de mensagem e o outro, com funções básicas do divertimento, entretenimento, ocupação do tempo de ócio. Diante da dificuldade de se medir a quantidade de informação *diversional* que apresenta uma mensagem (os elementos *real* e *imaginário* juntos) e da constatação de que a área do entretenimento é muito mais delimitada, optamos, neste trabalho, pela expressão *entretenimento*. Saliente-se que esta expressão, apesar da opinião contrária de alguns autores, que preferem usar o termo *entretenimento* como categoria de mensagem e não como gênero jornalístico, é usada, neste trabalho, ao lado de outros gêneros, para designar os seguintes tipos de matérias: palavras cruzadas, horóscopos, quadrinhos, frases de sabedoria, ditados, adivinhações, enfim, os passatempos.

Embora apareçam tecnicamente separados, o produto básico de todos os gêneros jornalísticos é a informação. A diferença está apenas nos objetivos, nos apelos ou nas formas pelas quais as mensagens são apresentadas. Todos os gêneros informam; mas o gênero informativo informa pura e simplesmente: o interpretativo informa explicando, detalhando; o opinativo informa através da opinião, e o jornalismo de entretenimento informa divertindo.

3. O JORNALISMO ESPECIALIZADO

Qualquer veículo do jornalismo pode apresentar, concomitantemente, mensagens inseridas em todos os gêneros jornalísticos. As características técnicas do canal determinam a maior ou menor intensidade e freqüência de determinados tipos de mensagens. Um boletim, por exemplo, presta-se mais ao jornalismo informativo (notícia) do que ao jornalismo de interpretação, que encontra maior efetividade na área das revistas. No entanto, os veículos gráficos, de um modo geral, sobretudo os jornais e revistas, apresentam simultaneamente os quatro gêneros jornalísticos. Basta observarmos as notícias de primeira página de um jornal ou o editorial e as colunas de passatempo.

Encarados sob outro aspecto, os gêneros jornalísticos acompanharam a fase industrial e a especialização dos conteúdos na imprensa brasileira. Nelson Werneck Sodré vê o início da fase industrial da imprensa no Brasil em 1920. Por esta época, começavam a aparecer empresas "mal-estruturadas, que rapidamente se esgotavam, mas sempre empresas e não empreendimentos individuais" (12). Em 1922, o Jornal do Brasil, que aparecera em 1891, recebia os serviços da *United Press*. Com o advento do cinema falado, em 1929, este mesmo jornal começou a publicar uma página inteira sobre cinema. Dois anos antes, em 1927, organizara-se a Sociedade Anônima que presidiria o Estado de São Paulo, cujo aparecimento se deu em 1875.

Durante a vigência do Estado Novo, a imprensa brasileira pouco se desenvolveu. Depois de 1945, uma nova fase se abria, com o surgimento de jornais e revistas no Rio e em São Paulo. Enquanto isso, revistas que haviam marcado posição no jornalismo de opinião, algumas desde o início do século, desapareceram quase por completo.

Depois de 1950, começou o surto de concentração que deu origem às grandes organizações jornalísticas. Em 1951, Luís Paulistano revolucionava o jornalismo brasileiro com a adoção do *lead* (resumo, início do texto) no Diário Carioca, abrindo, assim, a grande fase do jornalismo informativo. Em 1956, o Jornal do Brasil promovia uma completa reforma em sua apresentação gráfica e na técnica de redação — reforma que seria concluída em 1959. A partir da década de 60, o Brasil começou a assistir a uma crescente multiplicação de veículos jornalísticos e especialização de conteúdos, o que deu margem ao aparecimento do jornalismo de interpretação. O Estado de São Paulo, o Jornal do Brasil e a Folha de São Paulo, nos últimos anos desta década, aplicaram intensivos programas de modernização gráfica e editorial, sendo acompanhados por diversos jornais do interior do país. Nessa década, o país conheceu também a expansão do mercado de revistas, cujas tiragens chegaram a ultrapassar 300 mil exemplares. A adoção de novos métodos de impressão, editoração e distribuição contribuiu para a ampliação das áreas do jornalismo e para o fortalecimento do jornalismo especializado. Surgiram publicações destinadas a cobrir as áreas do comércio, agricultura, indústria, fotografia, artes, esportes, economia, engenharia, decoração, culinária, automobilismo, turfe, propaganda, rádio, televisão, cinema, etc. Toda uma variada e complexa informação especializada começou a abocanhar as faixas mais importantes do mercado, como o jornalismo econômico, o jornalismo técnico, o jornalismo científico, o jornalismo agrícola, o jornalismo administrativo, o jornalismo esportivo e também o *jornalismo empresarial*, consubstanciado na expansão das publicações empresariais. A especialização no jornalismo acompanhou o caráter de outras instituições em outros campos da atividade humana, como diz Juarez Bahia.

Enquanto os conteúdos especializados se ampliavam nas páginas da imprensa diária, crescia o número de veículos especializados. Por esta razão, a especialização no jornalismo assumiu dois aspectos: 1) a especialização nos veículos de comunicação geral (jornais, revistas, etc.), que transmitem informações sobre determinadas áreas (ciências, administração, esportes, economia, automobilismo); 2) a especialização vista sob o ângulo de produção de veículos especializados. Neste caso, apresentam um conteúdo global sobre a área especializada. São os jornais e revistas dedicados exclusivamente aos esportes, à economia, à administração, etc. O jornalismo empresarial se enquadra, particularmente, neste segundo aspecto.

4. JORNALISMO EMPRESARIAL

Diante da teoria jornalística apresentada, surge a pergunta: qual é o campo do jornalismo empresarial? Quais são os canais que integram este campo?

Inicialmente, é preciso observar que a audiência das empresas é heterogênea. Os seus membros apresentam extremas variações quanto ao nível intelectual e de instrução e quanto aos interesses ou atitudes. O número de receptores da audiência empresarial não se pode igualar ao número indefinido da audiência de massa. Mas a heterogeneidade, a diversificação de interesses, o anonimato em relação à fonte comunicadora permitem que a audiência empresarial se assemelhe à audiência de massa.

Além disso, observa-se que as empresas se tornam cada vez mais complexas e amplas, dispersando-se geograficamente e distanciando muito os seus membros uns dos outros. Algumas diferenças que podem ser observadas entre a audiência de massa e a audiência da empresa estão nos objetivos da comunicação. Os meios de comunicação de massa pretendem atingir interesses gerais de um público cada vez mais amplo. As publicações empresariais objetivam atender a uma comunidade "que se apóia na produtividade" (13) refletindo seus interesses e exigências.

As publicações empresariais não deixam de ser veículos de comunicação de massa. Mas são canais jornalísticos?

A natureza jornalística é definida pelas características já apresentadas. As publicações empresariais, enquanto veículos jornalísticos, devem ter periodicidade, isto é, devem aparecer em intervalos sucessivos e regulares. Precisam abastecer-se de fatos da atualidade que formam o presente da empresa. Para assumir seu atributo de universalidade, as publicações devem, em princípio, apresentar informações sobre quaisquer áreas ou programas de interesse da empresa e da comunidade. Por último, necessitam chegar ao público ao qual se destinam, devendo, assim, ser difundidas.

Qualquer processo de informação, como lembra Roger Clausse (14), sofre uma série de influências de ordem econômica, política, social, cultural, jurídica, filosófica, ética, técnica, profissional, etc. Estas influências são ditadas pelas conjunturas políticas, econômicas ou sociais. No âmbito das empresas, muitos fatores originários da conjuntura empresarial influenciam o processo de informação.

As características do jornalismo assumem, nas publicações empresariais, um significado todo especial. A universalidade, por exemplo, deve ser entendida como todo o acervo de mensagens, de qualquer área, que possa interessar à empresa ou à comunidade empresarial. Nem toda mensagem de interesse da comunidade pode ser objeto de informação das publicações. Um movimento grevista seria assunto nas publicações gerais do jornalismo, mas não nas publicações do jornalismo empresarial. Os atributos inerentes à notícia, como o imediatismo, a veracidade, o interesse humano, a importância (15) assumem, na empresa, significados particulares. Se um dos critérios utilizados pelas empresas jornalísticas para determinar o que é ou não notícia está na *política editorial*, ou seja, na orientação ideológica das publicações, o critério mais válido para determinar o conceito de notícia na empresa é a própria política empresarial.

Esta política determina a política editorial das publicações. Por princípio, ela tenta evitar todo tipo de mensagem sensacionalista, escandalosa, ou informações que possam provocar dúvidas quanto à integridade da empresa ou das pessoas, ou que ponham em xeque as normas empresariais. A informação empresarial não deve causar prejuízos aos interesses da empresa ou da coletividade.

Em casos excepcionais, as publicações podem apresentar um conteúdo sensacionalista. A revista interna de uma empresa brasileira apresentou fotos coloridas e sensacionais do incêndio do edifício Andraus, ocorrido no princípio de 1972, em São Paulo. Em dez páginas contou todos os detalhes do acidente. Mas havia uma razão maior para a publicação deste conteúdo: os escritórios centrais da empresa estavam localizados no prédio incendiado. E três de seus funcionários morreram.

A periodicidade das publicações empresariais se caracteriza por apresentar intervalos mais espaçados entre as edições sucessivas. A atualidade perde aquela concepção de rapidez que marca as informações nos veículos do jornalismo. Os fatos atuais da empresa podem ser os já acontecidos no intervalo dos três meses anteriores ao aparecimento de uma edição ou podem ser os acontecimentos que ocorrerão no mês ou meses seguintes (16).

41

A atualidade é influenciada também pelos esquemas de difusão. Enquanto um jornal tem um tempo de vida limitado a 24 horas, pois no dia seguinte aparecerá outro, a publicação empresarial, por sua periodicidade e por seu sistema de distribuição, tem um limite de duração muito mais longo. A difusão das publicações é dificultada, principalmente nas grandes empresas, pela dispersão geográfica e pelos esquemas tradicionais usados: distribuição em determinados horários de folga, envio pelo correio ou distribuição feita em determinados locais que tornam difícil o acesso simultâneo de muitas pessoas.

A dispersão e a multiplicidade de veículos, a indefinição de políticas temáticas para as publicações, a diversidade de públicos que a empresa pretende atingir, os diferentes formatos e tamanhos das publicações são alguns fatores que tornam difícil a sistematização ou o enquadramento dos veículos empresariais dentro do jornalismo.

Dos veículos utilizados pela empresa para sua comunicação, agrupados no Capítulo I, os pertencentes à área gráfica constituem a base maior sobre a qual se assenta o jornalismo empresarial. Nesta área, podemos estabelecer dois grupos que reúnem as principais publicações:

1) o primeiro compreende os *jornais, revistas* e *boletins*;

2) o segundo engloba os relatórios, folhetos, *folders*, cartas pessoais, comunicados, instruções, manuais de acolhimento, circulares, apostilas, etc.

A natureza técnica das publicações do primeiro grupo permite que se lhes atribua o designativo de veículos principais do jornalismo empresarial. São os jornais, as revistas e os boletins de empresa que assumem todas as características do jornalismo. Isto não significa que eles sejam os únicos veículos do jornalismo empresarial. Se a empresa utiliza, por exemplo, meios audiovisuais para transmitir informações de natureza jornalística, esses canais também podem enquadrar-se dentro do jornalismo empresarial. A área impressa tem sido até agora a base maior de sustentação do campo.

O segundo grupo inclui uma variedade de publicações com objetivos diferentes e que, por sua natureza, não assumem características jornalísticas. Nenhuma delas tem periodicidade definida e o seu consumo se processa permanentemente. Elas integram o processo de produção de veículos gráficos de interesse permanente, característicos da área de editoração. Por esta razão, não são canais do jornalismo empresarial.

O manual de acolhimento para orientação de novos funcionários, que alguns autores como Weiss enquadram dentro da imprensa empresarial de orientação, constitui um típico exemplo de produto da área

42

de editoração. Geralmente, ele apresenta informações deste tipo: breve resumo da empresa e de sua organização; informações sobre a política de pessoal, procedimentos, métodos e técnicas; objetivos gerais da empresa; descrição de produtos ou de serviços; programa de benefícios para os trabalhadores; regras gerais de operação, etc., conforme cita Derriman (17). Este tipo de conteúdo é de interesse permanente, sofrendo correção ou mudança apenas quando existir um fato novo que possa alterar os programas da empresa. As edições destes manuais se sucedem na medida em que se vão esgotando, comparando-se às primeiras, segundas e sucessivas edições dos livros.

5. JORNAIS, REVISTAS E BOLETINS: UMA ANÁLISE DE DIFERENÇAS

Para estabelecer algumas diferenças técnicas entre os principais canais do jornalismo empresarial, apresentamos os resultados de uma pesquisa efetuada em 24 publicações de organizações, difundidas mais ou menos na mesma época. Partiu-se da premissa de que os jornais constituem o maior grupo de publicações empresariais, vindo em segundo lugar as revistas e, por último, os boletins. Foram escolhidos aleatoriamente doze jornais, oito revistas e quatro boletins de organizações diferentes. Os resultados apresentam diferenças quanto ao formato, tamanho, relação entre texto/ilustração e freqüência de gêneros jornalísticos. Os formatos, os tamanhos e as proporções entre texto/ilustração apresentam três principais freqüências. A metodologia usada na medição do espaço físico se apoiou nos estudos do CIESPAL ("Dos Semanas en La Prensa de América Latina") e nos "Estudos de Jornalismo Comparado", de Marques de Melo. Utilizou-se, para a mensuração do espaço impresso, a unidade cm/coluna e, posteriormente, fez-se o cálculo das percentagens.

Estes resultados autorizam conclusões interessantes: os boletins, do ponto de vista de formato, têm certa semelhança com as revistas, mas são o seu oposto quanto ao tamanho. Um boletim de oito páginas já apresenta algumas características de jornal, embora sob outros aspectos seja completamente diferente. Entre os três canais, os boletins apresentam, proporcionalmente, mais texto e o seu conteúdo é essencialmente informativo. As revistas dedicam mais espaço às ilustrações e exercem com maior freqüência o jornalismo interpretativo. Os jornais aparecem em segundo lugar no uso da interpretação. As matérias de entretenimento (variedades, horóscopos, palavras cruzadas, quadrinhos) recebem um tratamento proporcionalmente igual, tanto em jornais quanto em revistas, mas não aparecem nos boletins. Aliás, a categoria "boletim" caracteriza-se por apresentar quase exclusivamente informações. Os boletins de empresa, no en-

	JORNAIS	REVISTAS	BOLETINS
1. Formatos mais freqüentes	A. 37cm x 27cm B. 32cm x 21cm C. 36cm x 26cm	A. 28cm x 21cm B. 27,5 x 20,5 cm C. 29cm x 21,5 cm	A. 28cm x 21cm B. 31,5 x 22cm C. 29,5 x 21,5cm
2. Tamanhos mais freqüentes	A. 8 páginas B. 12 páginas C. 16 páginas	A. 20 páginas B. 32 páginas C. 40 páginas	A. 4 páginas B. 8 páginas C. ————
3. Proporções entre texto/ ilustração mais freqüentes	A. 60% texto 40% ilust. B. 70% texto 30% ilust. C. 65% texto 35% ilust.	A. 50% texto 50% ilust. B. 55% texto 45% ilust. C. 45% texto 55% ilust.	A. 70% texto 30% ilust. B. 65% texto 35% ilust. C. 80% texto 20% texto
4. Gêneros jornalísticos	1. J. Inform. 40% 2. J. Interp. 30% 3. J. Opinat. 20% Entret. 10%	1. J. Inform. 25% 2. J. Interp. 45% 3. J. Opinat. 20% Entret. 10%	1. J. Inform. 70% 2. J. Interp. 10% 3. J. Opinat. 20% Entret. 0%

tanto, penetram também na área opinativa. Em dois boletins, aparecem editoriais assinados logo na primeira página. E duas revistas apresentaram mais ilustrações (fotografias, *charges,* desenhos, esquemas pictográficos, etc.) do que texto. O grupo de jornais apresenta a melhor divisão, não apenas quanto ao texto e à ilustração, mas também quanto à proporcionalidade entre os gêneros jornalísticos.

Estas diferenças indicam que os boletins, jornais e revistas têm as seguintes características:

BOLETIM

Periodicidade — Intervalos menos espaçados entre as edições, já que o seu produto básico é a notícia.

Atualidade — Mais apropriado para as informações imediatas, que precisam chegar com urgência junto ao público.

Universalidade — Por seu reduzido número de páginas, o boletim é o canal que apresenta menor variedade temática.

Difusão — Exige o mais rápido sistema de difusão.

JORNAL

Periodicidade — A periodicidade do jornal de empresa deve situar-se entre a periodicidade do boletim e a da revista. Periodicidade média.

Atualidade — A atualidade do seu conteúdo deve ser medida pela periodicidade. Os fatos serão tratados de forma a não perderem a atualidade durante o intervalo entre duas edições. Presta-se também ao jornalismo de interpretação, opinião e entretenimento, gêneros que dão às matérias um caráter atemporal.

Difusão — O seu esquema de difusão deve completar-se entre a etapa final de produção de uma edição e o início da programação de outra.

REVISTA

Periodicidade — Por seu conteúdo essencialmente interpretativo e por seu grande número de páginas, apresenta intervalos mais espaçados entre as edições.

Atualidade — Evita, na medida do possível, informações urgentes, imediatas e apresenta sobretudo um conteúdo de interesse permanente.

Universalidade — O número de páginas amplia o universo de conteúdo, sendo o veículo que oferece maior volume temático.

Difusão — Por sua natureza técnica e por seu conteúdo interpretativo, permite um esquema de difusão mais demorado.

6. OS PRINCIPAIS GRUPOS DE PUBLICAÇÕES

A distinção entre os tipos de publicações do jornalismo empresarial evita as confusões feitas freqüentemente entre boletins, jornais e revistas. James Derriman, usando a terminologia das Relações Públicas, chega a atribuir ao boletim a mesma configuração da revista. Num capítulo do seu livro, dedicado aos "boletins internos",

45

ele começa dizendo: "Uma revista interna continua a tarefa no ponto onde o folheto de boas-vindas termina, mantendo os empregados a par do que a empresa está realizando e das diretrizes que a orientam. Mais de 1.000 boletins são hoje publicados para empregados" (18). No mesmo parágrafo, ele usa os termos *boletim* e *revista* para designar a mesma coisa. Depreende-se que Derriman desejou referir-se ao jornal interno. Entre as vantagens que ele aponta para o "boletim", encontram-se:

a) melhor compreensão das diretrizes da gerência, o que, por sua vez, promove a lealdade e o espírito de equipe;

b) compreensão do negócio, conduzindo à maior eficiência;

c) oportunidade para os empregados se exprimirem e ventilarem suas opiniões, sentindo que estão tomando parte nos assuntos da empresa;

d) maior sentimento de união e posse entre os empregados e as unidades dentro de uma empresa ou grupo ramificado;

e) meio de comunicação aos empregados dos êxitos da companhia e os benefícios do emprego que ela oferece;

f) meio de manter a boa vontade entre as famílias dos empregados.

Seria impraticável para o boletim, em razão de suas limitações técnicas, cumprir um rol tão ambicioso de objetivos. Imprecisões como estas só podem tornar obscuro o campo do jornalismo empresarial.

Estabelecidos os canais do jornalismo empresarial, separados do grupo das publicações da área da editoração — que podem servir de apoio aos canais jornalísticos — e feitas as distinções entre os principais veículos da empresa (boletins, jornais e revistas), resta, agora, a pergunta: para quem se dirige o jornalismo empresarial?

As publicações jornalísticas destinam-se basicamente a dois tipos de público: o público interno e o público externo. Os interesses comuns dos dois públicos tornaram possível a existência de um terceiro tipo de canal jornalístico: o das publicações que tentam atingir ambos, simultaneamente.

Para se comunicarem com o ambiente externo, as empresas geralmente usam uma série de veículos que não são, em sua maioria, da área jornalística: relatórios, balanços, folhetos promocionais, *folders*, manuais, etc. Os jornais, revistas e boletins não constituem os principais canais de comunicação da empresa com os públicos externos. Por outro lado, estes mesmos veículos são os mais apropriados para a comunicação da empresa com a sua comunidade. O jornalismo empresarial é sustentado, principalmente, pelas publicações internas. Portanto, ele integra, sobretudo, o processo de comunicação organizacional.

46

Além disso, são os boletins, revistas e jornais internos que proporcionalmente obedecem, com maior rigor e exatidão, às características jornalísticas da periodicidade, da diversidade temática, do uso dos gêneros jornalísticos. Este fato é facilmente comprovado pelo exame de publicações externas.

Com base neste quadro de referências, podemos dizer que o jornalismo empresarial se ordena em torno dos seguintes grupos de publicações:

I — publicações internas;

II — publicações externas;

III — publicações mistas.

7. PUBLICAÇÕES INTERNAS

Este tipo de publicações integra o processo de comunicação interno da organização, servindo — como já se observou anteriormente — aos fluxos de comunicação descendente, ascendente e horizontal. Alguns autores chegam a considerá-las peça central de um programa de comunicações escritas nas grandes empresas industriais. São os instrumentos mais apropriados para resolver problemas gerados pela burocratização, estabelecendo pontes informais entre os empregados.

Fornecem duas principais categorias de informação: mensagens sobre a própria organização e mensagens sobre os funcionários.

Suas vantagens podem ser medidas sob diversos ângulos. Em primeiro lugar, o público interno é o grupo que está mais próximo à empresa. O seu comportamento no ambiente de trabalho desempenha um papel decisivo em sua vida. Por esta razão, qualquer mensagem que diga respeito ao seu trabalho tem influência sobre o seu comportamento. A publicação interna é, até certo ponto, o único veículo que traz mensagens, cujas fontes são os próprios trabalhadores. Mensagens que interessam também às suas famílias. Estas também participam do mundo da empresa, porque dependem dela. A publicação interna atua, assim, não apenas sobre o empregado mas também sobre a sua família, afetando-lhes o comportamento.

Para o trabalhador, a publicação interna é um instrumento de satisfação e projeção, da mesma forma que o rádio e a televisão são instrumentos que favorecem os processos de projeção e identificação. São os únicos instrumentos que falam do funcionário, dão os nomes dos seus filhos, a data de seu aniversário, etc. Sob este aspecto poder-se-ia dizer que a publicação interna exerce jornalismo diversional porque favorece o fenômeno da identificação.

Lendo-a, o trabalhador pode formar um estado psicológico favorável ao bom desempenho de suas atividades operacionais. Assim, a empresa tem em mãos um instrumento de estímulo funcional, que pode ser transformado no porta-voz dos benefícios, promoções, serviços sociais e no melhor meio para o estreitamento das relações humanas. Sob todos os aspectos, a publicação interna desempenha um papel de grande importância dentro da política de produtividade.

Uma pesquisa realizada, em 1961, pela *Champion Paper and Fibre Company* (Hamilton — Ohio), junto a 520 empresas norte-americanas, revelou que os empregados trabalham com mais eficiência e satisfação, quando compreendem não apenas os objetivos e responsabilidades de suas próprias tarefas mas também os objetivos e as tarefas do grupo de trabalho ao qual pertencem, e os objetivos e responsabilidades da empresa.

A publicação interna exerce ainda um trabalho importante no campo das relações públicas externas. Munindo os trabalhadores de sólidas informações sobre a empresa — seus projetos, seus produtos, seus planos de expansão —, a publicação interna reforça as conversas e o intercâmbio de idéias a respeito de tudo o que se relacione com o ambiente de trabalho do empregado. E este é uma espécie de homem de relações públicas junto à comunidade externa onde vive.

As empresas parecem estar convencidas de que um dos modos de se projetarem externamente é o comportamento externo de seu próprio pessoal interno. Eis como um jornal de empresa refletiu este problema no seu editorial: "Todos nós, de certa maneira, fazemos um serviço de imprensa particular, em nosso círculo de amizades e em nosso relacionamento. Muitas vezes, chegamos até a desempenhar um papel semelhante ao do repórter. Como funcionários ou como concessionários da empresa X, somos, para nosso círculo humano, os porta-vozes oficiais da empresa. Por esta razão, precisamos dar, em todas as circunstâncias, a informação correta. Devemos, em qualquer situação, partir do princípio de que a verdade é a nossa maior aliada. Sem dúvida é menos danoso para a empresa um *furo* verdadeiro do que uma mentira bem contada. Mas isto não obriga a sermos informados ou a que passemos a revelar tudo o que sabemos à primeira pessoa. Devemos, simplesmente, corrigir os erros de interpretação que, porventura, possam existir sobre algum fato relacionado a nossa empresa, sem precisarmos acrescentar detalhes (...) Não devemos permanecer em atitude passiva; ao contrário, precisamos estar sempre dispostos a prestar uma informação. Se não tivermos condições de responder ou se não tivermos autorização para fazê-lo, admitamos francamente esta impossibilidade e encaminhemos quem nos solicita ao Departamento de Relações Públicas. Aí está a garantia da boa informação. E, se nos mantivermos fiéis a ela, estamos sem dúvida ajudando a construir e a manter a imagem de nossa empresa" (19).

Uma outra maneira de a empresa utilizar a publicação interna para projeção externa está no esquema de distribuição. Uma média de 5 a 10% das tiragens das publicações internas é dirigida a entidades do ambiente externo: imprensa, poderes públicos, escolas, universidades, instituições, organizações sindicais, clientes e fornecedores, acionistas, famílias dos empregados, etc.

8. REFERÊNCIAS

1. Belau, Angel Faus. *La Ciencia Periodística de Otto Groth.* Pamplona, Instituto de Navarra, 1968.

2. Beltrão, Luís. *Iniciação à Filosofia do Jornalismo.* Livraria Agir Editora, Rio de Janeiro, 1960, p. 66.

3. Na verdade, Clausse coloca a *universalidade* como um atributo profissional da informação ao lado de outros, como a *rapidez,* a *concisão,* a *originalidade* e a *variedade.* Ao lado dos atributos profissionais, Clausse apresenta outras duas categorias de atributos *essenciais* e *sociais.* Os primeiros compreendem a *verdade,* a *imparcialidade* e a *objetividade;* os segundos, a *significação social,* a *integralidade,* a *atualidade* e a *acessibilidade.* Cf. Clausse, Roger. *Le Journal et L'Actualité.* Marabout Université, Paris, 1963, p. 30.

4. Melo, José Marques de. *Comunicação Social. Teoria e Pesquisa.* 2.ª ed. Editora Vozes Ltda., Petrópolis, RJ, 1971, p. 68.

5. Wright, Charles. *Comunicação de Massa.* Trad. Mary Akier, Ed. Bloch, Rio de Janeiro, 1968, p. 19.

6. Segundo Hayakawa, a inferência "é uma asserção sobre o desconhecido, feita na base do conhecimento. Ex.: pela beleza dos vestidos de uma mulher, podemos inferir sua riqueza ou posição social (...) Os julgamentos compreendem todas as expressões de aprovação ou desaprovação do escritor em face dos acontecimentos, pessoas e objetos por ele descritos". Cf. Hayakawa, S. I. *A Linguagem no Pensamento e na Ação.* Trad. Olívia Krahenbühl. Livraria Pioneira Editora, São Paulo, 1963, pp. 31-32.

7. MacDougall, Curtis D. *Interpretative Reporting.* 3.ª ed. The MacMillan Company, Nova York, pp. 9-11.

8. *Un Nuevo Concepto Del Periodismo. (Reportajes Interpretativos).* Editorial Pax, Librería Carlos Cesarman S.A., México, p. 25.

9. Mainar, Rafael. *El Arte del Periodista.* Barcelona, 1956, p. 17.

10. Melo, em sua pesquisa sobre "A Imprensa de Bairros em São Paulo — Estudo da Mensagem", realizada em 1970 e ainda não publicada, utiliza na quantificação dos gêneros jornalísticos as seguintes expressões: jornalismo informativo, interpretativo, opinativo e diversional. O *entretenimento* aparece na quantificação das categorias de mensagens, ao lado do jornalismo, da propaganda e das relações públicas.

11. *Cultura de Massa no Século XX,* pp. 38-39.

12. Sodré, Nelson Werneck. *A História da Imprensa no Brasil,* Ed. Civilização Brasileira, Rio de Janeiro, 1966, p. 409.

13. Weiss. *Communication et Presse d'Entreprise,* p. 77.

14. *Le Journal et L'Actualité,* p. 7.

15. Beltrão, Luís. *A Imprensa Informativa,* Editor Folco Masucci, São Paulo, 1969, p. 82.

16. Se a periodicidade é bimestral, a publicação deverá cobrir os acontecimentos compreendidos nos dois meses anteriores à edição e, se possível, adiantar os atos que ocorrerão no mês seguinte. Se a periodicidade é mensal, a publicação geralmente apresenta os fatos ocorridos no mês anterior à sua distribuição, podendo adiantar apenas os fatos que ocorrerão nos 10 dias seguintes. A atualidade varia de acordo com a periodicidade.

17. Derriman, James. *Relações Públicas para Gerentes.* Trad. Jorge Arnaldo Fortes e José Soares de Almeida, Zahar Editores, Rio de Janeiro, 1968, p. 117.

18. *Relações Públicas para Gerentes,* p. 118.

19. *Panorama,* da General Motors do Brasil — órgão destinado aos funcionários. Editorial intitulado "Informar o que é certo na hora exata", n.º 112, maio de 1972, p. 2.

CAPÍTULO III

QUESTÕES TÉCNICAS E POLÍTICAS DO JORNALISMO EMPRESARIAL

O campo das publicações internas é, como já foi mencionado, o mais amplo do jornalismo empresarial. Este fato justifica a análise de um conjunto de circunstâncias que regulam o sucesso ou o fracasso dos jornais, boletins ou revistas internas. Partindo-se do princípio de que elas existem e, se existem, têm objetivos específicos, é preciso que se relacionem os fatores que perturbam a sua natureza e o propósito que as fundamenta.

As respostas para as indagações de editores que desejam saber "como melhor fazer as publicações internas, como atingir o público, como provocar a colaboração dos funcionários" só poderão ser dadas através do estudo de cada um dos fatores que influem no processo de produção da publicação interna.

Se o estudo científico do processo de comunicação está na análise das perguntas *quem diz o quê, em que canal, para quem, com que efeitos* — para lembrar mais uma vez Lasswell — os problemas que determinam a maior ou menor eficiência das publicações devem, obviamente, incluir a análise de controle (*quem*), a análise de conteúdo (*diz o quê*), a própria análise da natureza técnica da publicação (*canal*), a análise do grupo atingido pela publicação (*para quem*) e a análise do impacto que ela poderá provocar (*quais os efeitos*).

Embora não se pretenda, aqui, estudar exaustivamente cada um desses fatores, serão levantadas algumas determinantes de importância decisiva para o estudo da eficácia das publicações internas.

1. A RESPONSABILIDADE

Transposta a primeira pergunta de Lasswell para o campo concreto das publicações internas, surge a indagação: quem será o responsável pela publicação? Qual o departamento que assumirá toda a responsabilidade? Ou ainda: quais os departamentos que poderão trabalhar em conjunto para a produção da publicação? Os Departamentos de Relações Públicas, Relações Industriais, de Pessoal, de Propaganda, de Promoção? Os Serviços Assistenciais?

A solução para essas perguntas é o primeiro passo a ser dado. Cada departamento da empresa, por mais que o objetivo perseguido por todos seja comum, tem uma visão particular, específica, inspirada nos objetivos que marcam sua estrutura. O departamento responsável pela publicação compara-se à fonte comunicadora que, para aumentar a fidelidade de sua comunicação, precisa conjugar diversos aspectos. David Berlo, estudando as determinantes que podem aumentar ou reduzir a fidelidade da comunicação de uma fonte, cita pelo menos quatro: suas habilidades comunicativas; suas atitudes; seu nível de conhecimento e sua posição dentro do sistema sócio-cultural.

Berlo associou aqueles fatores aos atos comunicativos interpessoais. Sua transposição para o campo da comunicação coletiva é possível, pois os princípios que alicerçam os modelos do processo de comunicação são correlativos. Justapondo-se as determinantes de Berlo aos departamentos que poderão responsabilizar-se pelas publicações, é preciso verificar quais os que dispõem de maiores condições para desempenhar com eficiência o papel de fonte comunicadora.

Quais são os departamentos que possuem conhecimentos amplos suficientemente sobre o público interno, os objetivos da direção da empresa, os objetivos da comunicação empresarial ou a natureza técnica da publicação? Quais os que teriam capacidade de codificar de maneira mais correta os conteúdos das publicações?

A fonte de comunicação limita-se em sua capacidade de exprimir os objetivos se não possuir habilidades comunicativas capazes de codificar mensagens exatas (1). Seja qual for o departamento, ele sempre estampará na publicação suas atitudes, seu nível de conhecimentos e a sua posição funcional.

As publicações internas são, reconhecidamente, veículos que se prestam aos objetivos das relações humanas, assumindo, com a mesma intensidade, o papel de instrumentos das relações públicas. Em muitas organizações, falando-se até em nível internacional, elas se encontram ora sob a direção das Relações Industriais, ora sob a direção das Relações Públicas, ora sob a responsabilidade do Departamento de Pessoal.

No capítulo que escreveu para o livro de Redfield, referindo-se às publicações internas, Andrey E. Heusser diz que as Relações Industriais tinham a seu cargo 40% das publicações dos Estados Unidos. Este livro foi editado em 1953 (2).

Pesquisas indicam que a divisão de responsabilidades continua. Uma investigação feita em 1966 pelo *International Council of Industrial Editors* (I.C.I.E.), nos Estados Unidos, mostrou as seguintes posições de subordinação das publicações: 25,93% — subordinadas ao diretor de Relações Públicas; 19,12% — ao vice-presidente; 16,14% — ao diretor de Pessoal/Relações Industriais; 12,04% — ao gerente de Administração; 7,01% — ao diretor de Vendas/Publicidade; 3,97% — ao diretor de publicações; e 6,12%, subordinados a outros Departamentos.

Em 1969, a *Fédération des Associations Européennes des Rédacteurs des Journaux d'Entreprise* (F.E.I.E.A.) apresentou as seguintes proporções para a França e a Grã-Bretanha: *França* — 54% — publicações subordinadas ao presidente — diretor-geral; 9% — a outro diretor; 17% — ao diretor de Relações Públicas; 3% — ao diretor de Publicidade; e 17% — a outros. *Grã-Bretanha* — 39% — subordinadas ao presidente — diretor-geral; 18% — a outro diretor; 9% — ao diretor do Pessoal; 17% — ao diretor de Relações Públicas; 9% — ao diretor de Publicidade; e 8% — a outros (3).

As publicações editadas pelos Departamentos de Relações Públicas, via de regra, têm a preocupação básica de manter os empregados informados sobre a empresa, através de um critério que visa a insuflar o espírito do "meu trabalho e minha companhia". Para estabelecer uma comunicação efetiva com o empregado, deve existir, em primeiro lugar, uma atmosfera de confiança. Embora as Relações Públicas não intervenham diretamente na criação desta atmosfera ou na política trabalhista da empresa (recrutamento, promoções, treinamento, instrução), suas funções no âmbito interno ligam-se a aspectos como: a) interesse no êxito da empresa; b) o comportamento do empregado, favorecendo a promoção da imagem da empresa e desta com os clientes.

O desempenho das funções de Relações Públicas reflete-se na política imposta às publicações onde a empresa aparece com vitórias e conquistas e o empregado é a mola que impulsiona o progresso.

Em outros casos, a publicação fica sob a responsabilidade das Relações Industriais, cujas funções estão voltadas para a adaptação do homem ao trabalho. As Relações Industriais exercem uma atividade que visa a superar as frustrações provenientes do atrito de tendências ou instintos dos componentes dos grupos, e recorrem, com este fim, a critérios voltados para o bom relacionamento ("conheça os seus chefes, os seus colegas, conheça a si mesmo"). Por essa razão, utilizam as publicações para estabelecer uma atmosfera de satisfação e solidariedade, na busca de maior lealdade que se possa refletir em trabalho mais profícuo.

Outras empresas delegam ao Departamento de Pessoal a tarefa de editar a publicação interna. Quando isso ocorre, e admitindo-se a hipótese de que a empresa tenha um Departamento de Relações Industriais ao lado de um Departamento de Pessoal, é freqüente ver-se uma publicação com conotações mais patronais, cheia de avisos, lembretes de obrigações, etc.

Existem ainda publicações confiadas aos Serviços de Assistência Social. Nelas normalmente conquistam destaque especial as matérias associativas, educativas e as entrevistas de cunho humano. Até certo ponto, identificam-se com as publicações feitas pelas Relações Industriais. Há de se considerar que muitas empresas enquadram os Serviços de Assistência dentro do Departamento de Relações Industriais.

Em outros casos, encontramos publicações editadas pelas associações ou clubes de funcionários, com ou sem a ajuda financeira da empresa. Naturalmente, são orientadas pelo objetivo de divulgar a atividade associativa. Conhecemos pelo menos um jornal de empresa fundado e editado por um grupo de funcionários, com o apoio financeiro e o voto de confiança da alta direção da empresa. Esta só interfere na orientação do jornal quando solicitada a opinar sobre assuntos que envolvam questões mais delicadas.

Mas persiste a indagação: qual o departamento que reúne condições mais vantajosas para editar as publicações? A resposta é controvertida e polêmica. A maioria dos autores de Relações Públicas não têm nenhuma dúvida em situar as publicações dentro do Departamento de Relações Públicas. É o que lemos em Canfield, logo no começo do capítulo 19 do seu livro: "Um dos mais importantes instrumentos de RP é o periódico, às vezes chamado 'revista de empresa', 'órgão da casa', 'órgão interno' ou 'publicação industrial'". Mais adiante, acrescenta: "Como uma publicação de RP compõe um dos principais elementos de um programa de RP, o secretário de redação e sua equipe devem estar ligados ao departamento de RP e ser responsáveis perante o editor desse departamento"(4).

Smith também vincula a publicação ao Departamento de Relações Públicas, embora ressalve a necessidade de a direção ser confiada "a um jornalista competente, se possível com alguma experiência de trabalho num jornal local, e os verdadeiros recolhedores de notícias devem ser escolhidos entre todo o pessoal da empresa, nomeados oficialmente para participar com regularidade em conferências com o diretor, que lhes demonstrará que as suas contribuições, por modestas que possam ser, possuem importância vital, pois sem esta colaboração o jornal não poderia ser publicado. E só assim se garantirá a total cooperação dos quadros e do pessoal"(5).

Chaumely e Huisman também não têm dúvidas sobre a vinculação da publicação às Relações Públicas, mas dizem que ela ganha se for executada pelos membros da empresa. Assume então um caráter de tribuna livre, tornando-se um jornal para todos, feito por todos. A realização material — diagramação, escolha dos clichês, concepção técnica e paginação — pode ser confiada a um conselheiro externo ou a um diretor especializado (6).

Desta maneira, cada autor tem sua receita predileta, como Baus, que o enquadra como instrumento das Relações Públicas, ou como Derriman, que atribui a responsabilidade da publicação ao presidente ou ao diretor-gerente, mas reserva o trabalho de execução à orientação do homem de relações públicas ou de uma agência que trabalhe em cooperação íntima com o pessoal. Ao justificar esta vinculação, Derriman explica que, embora o boletim interno se destine a melhorar as relações com o pessoal, é essencialmente um plano de comunicações mais parecido com outros trabalhos de relações públicas do que com técnicas de pessoal. E com esse ponto de vista concorda o autor Whitaker Penteado (7), ao dizer que os *house-organs* pertencem ao número restrito dos instrumentos específicos de Relações Públicas, pois suas finalidades são típicas deste setor: estabelecer contato com os públicos de interesse da empresa e projetar uma imagem favorável desta mesma empresa no espírito desses públicos.

Está, portanto, na estrutura produtora da publicação a primeira grande determinante da eficiência ou do fracasso dos boletins, jornais ou revistas internas. De acordo com sua visão particular, esta estrutura pode diminuir ou aumentar as grandezas relativas aos conteúdos que devem ser transmitidos, alterando a natureza daquilo que deveria ser a mensagem original; pode apresentar sua interpretação particular, somando ao conteúdo original um outro tipo de mensagem; os próprios objetivos desta estrutura podem gerar grandes diferenças entre o que é publicado e o que é recebido. Isto significa que a estrutura responsável pela publicação pode ser a fonte inicial dos fatores que Moles (8) chama de *distorções, interferências* e *perturbações.*

2. O CONTEÚDO E AS INCOERÊNCIAS

Um segundo tipo de fator determinante das distorções e perturbações encontra-se no próprio conteúdo das mensagens transmitidas. E estas, por sua vez, dependem do público para o qual devem ser dirigidas. Qual o tipo de matérias que interessa à comunidade empresarial? Qual a linguagem a ser usada na codificação destas matérias? São algumas das perguntas comumente feitas pelos editores.

O primeiro problema a surgir na programação temática das publicações é o que se refere à divisão entre as duas principais categorias de informação: as informações sobre a empresa e as informações sobre os empregados. Embora já tenhamos salientado que as informações sobre a empresa interessam de perto ao funcionário, pela interdependência existente entre uma e outro, há uma tendência geral a considerar o primeiro tipo de mensagem como fundamentalmente patronal.

Smith vê o problema da seguinte maneira: "É desencorajante ter de admitir que muitas dessas publicações são olhadas pelos trabalhadores e pelos quadros como uma propaganda em favor dos patrões. E as razões são claras para todos, menos para os administradores: sobrecarga de informações acerca da empresa, considerada como um corpo estranho ao pessoal; fuga cuidadosa a temas suscetíveis de controvérsias; minimização de todas as dificuldades e fracassos; apresentação exclusiva dos pontos de vista dos patrões".

Esta opinião, alimentada por certo radicalismo (a empresa é um corpo estranho ao pessoal)(9), reflete a preocupação geral de todos aqueles que se dedicam ao campo das publicações empresariais, conforme demonstram recentes pesquisas efetuadas, em 1970, pelo Centro de Pesquisas de Jornalismo Empresarial (CEPEJE), organizado por nós. Editores de 15 publicações estudadas por aquele Centro, ao responderem a um questionário, salientaram a necessidade de uma programação temática que viesse atender mais de perto os funcionários, através de "reportagens de cunho humano, entrevistas com os empregados, etc.".

A preocupação geral dos editores é encontrar critérios de seleção de matérias que atendam às necessidades reais dos leitores. No entanto, ninguém desconhece que em algumas empresas há uma forte pressão sobre o editor ou o departamento responsável pela publicação, no sentido de insistir nas mensagens que dizem respeito à administração. As exortações que objetivam um maior reforço no trabalho, na redução do índice de acidentes e desperdícios, no cumprimento das normas de segurança constituem material de interesse tanto para a empresa como para o empregado, mas a grande ênfase dada a este tipo de matérias "pode matar uma publicação".

Quando uma publicação é programada de tal forma que enfatiza principalmente as comunicações descendentes, provoca o desinteresse da comunidade. A razão disto é simples: os operários e os quadros suspeitam da marca patronal, impressa rigorosamente na publicação. É erro pensar, como lembra Heusser, que o empregado é um público cativo no que se refere ao material informativo não essencial ao seu trabalho. Ele pode ler ou recusar-se a ler, acreditar ou deixar de acreditar. O empregado consegue esconder seus verdadeiros sentimentos para com qualquer mensagem da administração, o que torna difícil medir a aceitação de uma publicação entre o pessoal. Ele pa-

56

rece pesar o que lê em relação ao respeito que lhe merece a fonte de informação.

Uma publicação que considera apenas a existência de uma audiência, sem atentar para as suas necessidades e anseios, lembra o conceito de "efeito hipodérmico", segundo Kapper (10) já ultrapassado: bastaria injetá-la na comunidade e esta aceitaria as normas impostas, as diretrizes traçadas, as mensagens veiculadas, tudo isto provocando, enfim, o aumento da produtividade.

Não são poucas as empresas que raciocinam de acordo com o conceito de "efeito hipodérmico" e consideram que os empregados absorvem completamente tudo aquilo que é dito e proclamado. E não são raras as publicações empresariais que, apoiadas no conceito de "injeção persuasiva", incorrem naquilo que Lane e Sears (11) chamam de "opiniões incoerentes". É freqüente encontrarmos, principalmente nos editoriais das publicações, mensagens como estas: "Os empregados constituem o nosso maior patrimônio. A eles devemos o sucesso de nossa empresa, o aumento dos nossos índices de produtividade". Ao lado destas mensagens, podem aparecer outras que falam de viagens dos diretores, dos planos de expansão, das assembléias para aumento de capital. Num plano comparativo, muitas publicações internas podem cair no erro de colocar os interesses da empresa acima dos interesses dos funcionários e isto pode ser perfeitamente assimilado por estes. "A administração finge em relação aos empregados um interesse que na realidade não sente." Se o empresário diz que "o empregado é o seu maior patrimônio", mas não age de acordo com este ponto de vista, aparece a discrepância ou a incoerência.

O editorial das publicações pode expressar mensagens que realcem o valor do funcionário, mas este pode sentir que não é realmente aquele o ponto de vista da direção. Forma-se a discrepância entre direção e empregado. E esta discrepância aumenta na medida em que forem maiores as distâncias entre o que a empresa diz e o que o funcionário espera. Por exemplo, caso o aumento de salários, anunciado pela publicação, não corresponder às expectativas dos empregados: quanto maior for a distância entre o aumento concedido e o desejado, maior a dissonância que se estabelece. Existe, portanto, o perigo de as publicações empresariais internas ampliarem as distâncias entre o que a empresa diz e o que ela realmente faz pelos empregados.

3. O RÍGIDO CRITÉRIO DE SELEÇÃO

As incoerências aparecem, também, por razões que já mereceram consideração em outras partes deste livro. As controvérsias possivelmente existentes entre a direção e os empregados normalmente não são objeto de mensagens nas publicações internas, em face de seu objetivo de promover o consenso na comunidade. Mesmo deixando de lado os assuntos mais polêmicos — questões salariais, promoções internas, etc. —, as publicações internas se munem de rigorosos critérios de seleção de informações que podem prejudicar o seu conteúdo de interesse coletivo. Uma notícia dos jornais diários, que fornece até o título da matéria, pode ser tratada de maneira completamente diferente na publicação interna. O próprio conteúdo principal às vezes até desaparece.

Se um empregado tem acesso ao jornal diário, que dá destaque a determinado aspecto da notícia, e vê esta mesma notícia na sua publicação interna, sem a ênfase dada ao conteúdo anteriormente visto, ele estabelece elementos de comparação entre os dois tipos de veículos. Caso a mensagem conhecida na imprensa diária lhe ofereça maiores recompensas que a apresentada por sua publicação, certamente ele terá motivos para ficar desconfiado das intenções da empresa (12).

Os exemplos disponíveis sobre a divulgação de assuntos controvertidos e polêmicos nas publicações são poucos. Durante a II Guerra, empresários da Califórnia (EUA) chegaram a fundar jornais de circulação controlada, para distribuição gratuita na entrada de fábricas de aviões e estaleiros. Estes jornais publicavam imparcialmente as notícias das administrações, ao lado das notícias dos sindicatos. O seu objetivo era duplo: evitar hostilidades suscetíveis de prejudicar as empresas e garantir a própria circulação dos jornais.

O conteúdo das publicações internas é, assim, um fator decisivo para o seu bom êxito ou fracasso. Se elas emanam apenas da diretoria, são a expressão de certa forma da paternalismo. Se são programadas apenas com base nos interesses dos empregados, podem prestar-se a várias reivindicações conflitantes com os interesses da empresa. Quanto mais se alargarem as distâncias entre uma categoria de conteúdo e outra, tanto maiores perturbações poderão provocar. Vale lembrar, aqui, uma das características relacionadas por Lane e Sears para os grupos sociais: quanto mais os indivíduos participam na formulação de decisões, tanto maiores as probabilidades de aceitação destas decisões. Transpondo esta característica para o campo das publicações, podemos afirmar o seguinte: quanto maior a presença dos empregados nos conteúdos das edições, mais provável será que aceitem estes conteúdos. Mas isto nem sempre é possível.

4. A HETEROGENEIDADE

Ampliando mais ainda a lista de problemas, aparece a própria divisão dos grupos que compõem os quadros empresariais. A especialização profissional aumenta a fragmentação da divisão do trabalho. Conseqüentemente, as empresas, sobretudo as de grande porte, abrigam vários grupos especializados. De um lado, o grupo que trabalha na área administrativa; de outro, o que trabalha na área de manufatura. Tanto um como outro podem abrigar diversos subgrupos especializados.

O público da empresa é, assim, constituído por uma coleção de indivíduos bastante heterogênea. Ou para usar a expressão de Harwood L. Childs: "O número de diferentes públicos em uma comunidade é, teoricamente, o número de possíveis combinações de indivíduos nesta comunidade"(13). Essas combinações comportam várias classificações: grupos de idade, salários, estado civil ou mesmo de funcionários que vão a pé ou de automóvel para o trabalho.

É importante distinguir os subgrupos da empresa. Cada um combina coleções de opiniões e manifesta atitudes diferentes. Freqüentemente, estas opiniões diferem umas das outras cm muitos aspectos, tais como conteúdo, forma em que se expressam, qualidade, estabilidade e maneira como se formam ou se adquirem.

É possível que, nas pequenas empresas, as publicações encontrem com mais facilidade denominadores comuns que possam servir como ponto de apoio para a programação temática. A diversificação de interesses depende diretamente da dimensão da comunidade. Lane e Sears comprovam esta verdade, ao dizerem: quanto menor for o grupo, tanto maior a pressão para a conformidade de seus membros. A recíproca é verdadeira: sendo maior o grupo, será menor a pressão para a conformidade. Isto sustenta o princípio de que, na medida em que aumentar o grupo, mais heterogêneo ele será, decorrendo daí, uma maior diversificação de interesses. Esta diversificação tem sido um dos problemas cruciais do planejamento temático das edições, que, se não considerar a diversidade de interesses, pode tornar a publicação inoportuna para toda a comunidade empresarial.

5. A DIVISÃO GEOGRÁFICA DAS UNIDADES

As características espaciais da estrutura social da empresa aumentam ou diminuem o índice de interdependência entre os membros da comunidade empresarial. Podemos até dizer que, numa comunidade formada por um grande número de pessoas, a probabilidade de transmissão de mensagens entre uma pessoa e outra é inversamente proporcional à distância existente entre elas. Este fato relaciona-se diretamente com outra característica do grupo, designada como *freqüência de contato: quanto mais os membros de um grupo inter-*

atuam, tanto mais forte é a pressão para que se conformem com as normas do grupo.

O conceito acima dá-nos a idéia de proximidade. Poder-se-ia dizer que quanto mais próximos estiverem os membros de uma comunidade, mais interdependentes eles serão. E ainda: quanto mais próximos estiverem as fontes e os receptores, mais eficiente será a comunicação (14).

Transpondo-se o conceito para a área empresarial, aparecem determinantes de importância capital para o estudo das publicações. Em primeiro lugar, surge a dispersão espacial das unidades empresariais. A diversificação de produtos, a descentralização administrativa, os projetos de ampliação e expansão, entre outros fatores, tornam as unidades empresariais fisicamente distanciadas. Se isto contribui para uma menor interdependência entre os membros da comunidade empresarial, torna também mais difícil a disseminação uniforme de mensagens entre a Direção Central e os grupos localizados nas unidades.

Por outro lado, se existe uma maior tendência para a conformação às normas, quando se verifica uma maior interação entre os membros da comunidade, teoricamente pode existir a não aceitação de uma publicação que se destine a atingir, ao mesmo tempo, grupos fisicamente separados.

De que maneira uma publicação de uma empresa pode satisfazer, simultaneamente, aos grupos localizados em unidades geograficamente separadas? Como transmitirá informações para todas as unidades, sem fugir aos objetivos uniformes da política empresarial? As notícias de cada unidade devem afluir a um único comando geral da publicação? Deverão haver redações em cada unidade, a fim de fornecer notícias específicas sobre as seções? Cada unidade deve ter a sua própria publicação? As opiniões são as mais divergentes.

Partindo da premissa de que os empregados de uma unidade se interessam "muito pouco" pelos salários, promoções, programações esportivas de outra, McCloskey é favorável ao ponto de vista de que cada unidade tenha a sua própria publicação. Entre as vantagens, apresenta estas: "A publicação individual tem maior possibilidade de identificar-se com os interesses individuais imediatos dos empregados; será capaz de recolher mais notícias locais de primeira mão; tem possibilidade de dar notícias sobre acontecimentos recentes, sem que se ultrapasse o limite de prazo, o que ocorre quando uma publicação central acumula o peso de divulgar notícias de todas as unidades"(15).

É arriscado defender justificativas como essas, principalmente quando se parte da premissa levantada. Até agora (e isto parece ser opinião unânime dos pesquisadores)(16), a tendência é a de a empresa desejar tornar-se conhecida perante todos os grupos que a compõem. A publicação interna presta-se exatamente a este tipo de objetivo. Dizer que as unidades não se interessam pelas atividades esportivas de outras é cair no erro da abstração. Cita-se um exemplo: uma publicação interna convocou os presidentes das associações esportivas das regionais da companhia para darem uma entrevista coletiva destinada a uma das edições. No encontro, os presidentes se conheceram, trocaram idéias e resolveram programar conjugadamente as atividades esportivas de cada unidade. O objetivo da entrevista era o de congraçar as regionais e tornar comuns os pontos de vista e programas associativo-comunitários (17).

A publicação isolada, em cada unidade, pode não apenas fragmentar os objetivos gerais do programa de comunicações escritas da empresa como dar margem ao aparecimento de publicações completamente diferentes umas das outras. Cada unidade se transformaria numa empresa particular, com publicações específicas, que seriam ainda mais diferentes se os editores desconhecessem os projetos globais da empresa.

Sob outros aspectos, muitos reconhecem as indiscutíveis vantagens de uma publicação para cada fábrica, principalmente porque teriam condições de apresentar um conteúdo mais diretamente próximo ao trabalhador. Persistem as dúvidas: as informações *mais atuais* de que fala McCloskey exigiriam que cada publicação tivesse sua estrutura própria? Os pontos de vista particulares multiplicar-se-iam ou não? As empresas acolheriam com satisfação a multiplicidade de publicações? E o perigo que adviria das angulações diferentes?

Derriman é um dos autores que não concordam com McCloskey, quando diz: "Será erro dividir uma revista de uma corporação em seções regionais ou divisionais, porque o objetivo é fazer com que os empregados conheçam alguma coisa além dos interesses de sua seção"(18).

Outros, como Canfield, preferem não tomar partido, ficando apenas no terreno das constatações. Ele apenas diz que as publicações são centralizadas ou descentralizadas quanto ao seu processo de produção.

Com vantagens e desvantagens, de uma forma ou de outra, a dispersão espacial das unidades empresariais tem constituído sério obstáculo para a disseminação uniforme de mensagens.

6. A LINGUAGEM

Outro tipo de fator determinante de distorções reside nos inúmeros aspectos da linguagem usada nas publicações empresariais. A pergunta mais freqüente é esta: que estilo adotar nas matérias, de forma que todos os textos sejam compreensíveis aos membros da comunidade?

As mesmas palavras podem assumir significações diferentes para as pessoas, em razão das características individuais inerentes a cada personalidade, como níveis de educação, experiências, *status* social, origem geográfica. Mesmo que os indivíduos integrem um grupo cujo vocabulário seja bastante comum, os seus comportamentos serão sempre bem diferentes (19).

Sem a pretensão de levantar todos os problemas relativos à linguagem, podemos dizer que as pessoas não só selecionam o conteúdo mas emprestam *significações denotativas* ou *conotativas* (20), *extensionais* ou *intensionais* (21) completamente diferentes e até divergentes das mesmas mensagens.

Ao lado das significações diferentes ou divergentes retiradas dos conteúdos, há sempre o perigo de as publicações transmitirem noções complexas e difíceis, em face da terminologia técnica que caracteriza os processos tecnológicos de produção. São muito comuns as reportagens sobre estes processos, nas quais constantemente se observa um vocabulário técnico especializado. Este vocabulário pode ser familiar a determinados grupos da empresa, mas será bastante desconhecido de outros.

É indiscutível a vantagem das matérias sobre processos de produção, pelo volume de informações importantes que trazem para a comunidade, familiarizando-a com as técnicas e os produtos. A discussão é sobre a maneira como este tipo de matéria deverá ser tratado.

A teoria jornalística diz que, quando a natureza da comunicação impede o uso de termos universalmente compreensíveis, esforços devem ser feitos para interpretar as mensagens que se destinam a indivíduos ou grupos diferentes, a fim de evitar que as pessoas interpretem as informações de acordo com os seus próprios critérios de entendimento, o que poderia gerar distorções.

Isto está perfeitamente delineado pela teoria da comunicação. Abraham Moles, ao discorrer sobre as regras mais simples para a preparação da mensagem, cita esta: "A mais evidente é que o registro de mensagens seja *comum* ao receptor e ao emissor; por outras palavras, que falem a mesma língua, ou seja, que se sirvam dos mesmos termos, ou pelo menos que os ignorem o menos possível; o emissor de uma mensagem publicitária terá o cuidado de utilizar apenas termos conhecidos pela totalidade da população a quem se dirige; quer dizer que o seu vocabulário deve ser perfeitamente elementar. De fato, se esta condição fosse totalmente satisfeita para uma massa de receptores suficientemente ampla, reduziria a linguagem a um nível muitíssimo elementar e arriscar-se-ia a fazer perder o interesse pela comunicação a grande parte dos receptores; esta regra não é senão um máximo teórico condicionado por outras considerações"(22).

Moles deixa perceber claramente os problemas possivelmente decorrentes da utilização de um vocabulário *elementar,* que, a despeito de suas vantagens, ao permitir assimilação por parte de todos, pode provocar o desinteresse.

As publicações empresariais refletem todos estes problemas. Ora os funcionários se queixam de que as matérias se apresentam num nível muito elevado. Ora surgem opiniões contrárias. Selecionamos duas opiniões que refletem este tipo de preocupação. Foram opiniões colhidas numa pesquisa, realizada em agosto de 1972 por uma companhia de São Paulo, para saber como era recebido o seu jornal interno.

1.ª opinião: "O jornal é bom, muito bem elaborado, mas acho que está, também, muito intelectualizado. Os artigos estão num nível elevado e os funcionários, de modo geral, acabam se desinteressando pela publicação. Não mandam colaboração porque receiam que não sejam aceitas. Enfim, falta um pouco mais de intimidade entre o jornal e os leitores".

2.ª opinião: "Este é um meio de comunicação que tira a inibição hierárquica dos funcionários. Suas colaborações valem tanto quanto as de seus chefes e suas atividades são destacadas na mesma proporção. É um veículo informal e deve continuar sendo. Os artigos são mais burilados e, em conseqüência, a aceitação é maior".

As tendências de aceitação do tratamento dado às matérias são, portanto, bastante divergentes no seio de uma mesma empresa. E os fatores relativos à capacidade de comunicação das fontes são inúmeros, envolvendo uma série de dimensões de aptidão, entre as quais se podem citar as enumeradas por Carrol, como *conhecimento verbal, fluência ideativa, fluência de expressão* e *facilidade de denominação* (23).

Os fatores que determinam a eficiência de uma publicação não podem ser analisados separadamente. O tipo de conteúdo influi na determinante *linguagem* e esta, por sua vez, relaciona-se com a fonte comunicadora. A fonte comunicadora poderá ser qualquer departamento e sua natureza ou posição dentro da empresa condicionarão tanto o conteúdo como a linguagem. Há uma espécie de cadeia interativa que une os elementos responsáveis pelas distorções.

Ou, para usar a linguagem de Berlo (24), os ingredientes do processo de produção de uma publicação "agem uns sobre os outros;

cada um afeta todos os demais". Os elementos que foram analisados, separadamente, nem sempre podem ser separáveis e nunca operam independentemente.

7. AS CARACTERÍSTICAS TÉCNICAS

Uma publicação interna oferece, como todas as outras publicações de um modo geral, duas categorias de mensagens. Em primeiro lugar, há o conteúdo principal que ela apresenta; em segundo lugar, surge outro tipo de mensagem, vinculada à impressão dada pela publicação em seu conjunto.

Esta duplicidade de mensagens é perfeitamente explicável através da teoria da comunicação. Uma mensagem, qualquer que seja, além do conjunto puro e simples dos sinais, comporta sempre uma ou várias mensagens complementares que a acompanham. Moles ilustra esta duplicidade com um bom exemplo: "Uma conversa telefônica implica não apenas o que se tem a dizer, no sentido preciso do termo, mas ainda um modo de o dizer, uma intonação de voz, um reconhecimento da personalidade do interlocutor, etc., que constituem outras tantas mensagens que acompanham, condicionam, determinam a mensagem principal".

Uma publicação, além do seu conteúdo, pode conter outro tipo de mensagem complementar: as manchas no papel, o próprio tipo de papel, o formato, o número de páginas, a relação entre texto/ ilustração, a disposição gráfica e estética do texto e da ilustração, etc. São mensagens que complementam a mensagem principal.

Quanto mais harmonia existir entre as mensagens complementares e a mensagem principal ou, ainda, quanto mais as mensagens complementares se aproximarem do conteúdo semântico da publição, maior inteligibilidade ela terá.

Nas publicações empresariais, identificamos esse conjunto de mensagens secundárias nas características técnicas da publicação, isto é, no formato (a medida entre altura e largura), no tamanho (o número de páginas), na própria natureza da publicação (jornal, revista, boletim), no tipo de papel (gramagem, intensidade de cores)(25), no processo de impressão (mimeógrafo, rotaprint, tipografia ou *offset*), etc.

Tais elementos técnicos são importantes para formar o conjunto artístico onde se insere o conteúdo principal. São ainda interdependentes, não só entre si mas também em relação ao conteúdo principal da publicação. Pela natureza técnica de um boletim, traçada anteriormente, podemos estabelecer certos princípios. O seu reduzido número de páginas, por exemplo, não comporta os mesmos tipos de mensagens que poderão ser apresentados numa revista. Enquanto esta exibe um padrão estético mais elevado, aquele tem um aspecto modesto, sem as fotos coloridas, sem o papel de primeira qualidade ou sem a variedade temática.

Qualquer um daqueles elementos prejudica o conteúdo global (mensagens principais e complementares) da publicação. O texto de um jornal numa revista, a diagramação de uma revista num jornal, as cores de uma revista num boletim, um formato muito grande para um tamanho muito pequeno, uma publicação que só apresente textos, ou inversamente, apenas ilustrações, larguras exageradas nas colunas de texto, ou mesmo a diversificação exagerada de colunas, a ausência da padronização na tipologia gráfica tanto para os títulos como para os textos, o uso de logotipos que não combinam com o formato — tudo isto pode provocar distorção.

8. AS DETERMINANTES JORNALÍSTICAS

As determinantes jornalísticas começam pelo atributo da *atualidade*. As publicações encontram vários obstáculos para saber o que constitui o *presente* na empresa. A análise de qualquer publicação deixa transparecer certa elasticidade quanto ao momento de ocorrência dos acontecimentos. Os fatos atuais de uma edição são geralmente os fatos ocorridos no mês anterior ou os acontecimentos que advirão.

Eis aqui alguns exemplos tirados aleatoriamente de publicações:

1) "José Luiz Fogarolli, 40 anos, casado, marceneiro, da seção de Retoques de Móveis do GIA, recebeu, *recentemente,* o prêmio 'Horácio Lafer' de Produtividade, correspondente ao ano de 1971". A matéria continua sem apresentar a data do recebimento do prêmio. Não aparecem nem o mês, nem o dia.

2) "Guarulhos continua a bater novos recordes milionários nos prêmios da Caixa de Sugestões. Treze funcionários de Guarulhos foram premiados com Cr$ 31.924,00 sendo o maior prêmio recebido pelo sr. Carmine Crescenzo". Do mesmo modo, esta matéria não apresenta datas (26).

3) "O GMEC, de São Caetano do Sul, vai completar 37 anos de fundação, *em novembro.* Para comemorar a data, o GMEC programou, para todo o mês, muitas atividades esportivas, *shows* artísticos de sua Banda Sinfônica (12/11) e a Missa Campal (5/11), para a qual está convidada toda a família generalense". A edição onde aparece esta notícia é do mês de outubro. Fatos do mês seguinte formam boa parte do material da publicação (27).

A atualidade é condicionada pela periodicidade. Freqüentemente ocorrem casos em que a periodicidade não obedece aos prazos estabelecidos pelo cronograma de execução, tornando os acontecimentos cada vez mais distantes do que se concebe como *presente* na empresa. Quanto mais espaçados os intervalos entre as edições, mais distantes do presente ficam os acontecimentos. Às vezes, acontecem casos mais graves. A irregularidade na periodicidade dá margem a que publicações de um determinado mês noticiem fatos já consumados no mês seguinte. Eis um exemplo:

"E atenção, goleadores, frangueiros, beques, laterais, meias, enfim, torcedores dos nossos esportes. Vejam, aqui, a tabela organizadinha dos jogos *realizados em setembro,* pelas equipes da A. R. COSEBRÁS. No dia 2..." O jornal que publicou esta notícia tem periodicidade mensal e a edição onde ela aparece refere-se ao mês de agosto (28).

A variedade temática é outro atributo jornalístico que tem correlação direta com a natureza da publicação, com o formato, tamanho, objetivos, etc. Todos os fatores analisados anteriormente são fundamentais para a configuração temática. O tamanho da publicação sugere uma maior ou menor variedade temática que, por sua vez, se liga aos objetivos da publicação e ao interesse dos públicos. Agrupar todos estes fatores, de modo a favorecer a maior congruência possível, tem sido muito difícil para os editores de publicações internas. Na III Convenção Nacional de Editores de Revistas e Jornais de Empresa (III CONERJE), realizada em outubro de 1972, em São Paulo, os 120 convencionais refletiram esta preocupação, ao aprovarem a seguinte orientação: "que se recomende aos editores enriquecimento constante nas programações editoriais das publicações, observando-se os aspectos de diversidade temática, enfoques e técnicas de redação, processos de produção gráfica e esquemas de distribuição".

A variedade temática implica também variedade de tratamento jornalístico. A soma das matérias de uma publicação se enriquece na medida em que espelha os vários gêneros jornalísticos e as suas respectivas categorias de matérias: notícias, editoriais, artigos, reportagens, grandes reportagens, assuntos de entretenimento, etc. Cada uma destas categorias se enquadra dentro de um gênero que exige forma específica de tratamento, conforme já analisamos em capítulos anteriores.

A observância das regras e critérios jornalísticos nas publicações nem sempre ou quase nunca se revela praticável, em razão de um certo espírito amadorístico predominante, até hoje, neste campo, reforçado tanto por algumas estruturas responsáveis pelas publicações como pelo pequeno número de teóricos que escrevem sobre o assunto.

Mas, por mais que um veículo jornalístico tenha suas limitações, ele sempre exigirá um trato de ordem profissional, a fim de que possa cumprir os seus objetivos. Os "jornalistas amadores" são limitados na sua capacidade de analisar, selecionar, julgar e codificar mensagens jornalísticas. A atividade jornalística na empresa compara-se à atividade profissional exercida pelos jornalistas da imprensa diária. Os "amadores", via de regra, dão às publicações a imagem, hoje acentuadamente combatida, do "jornalzinho". A opinião de um funcionário, expressa na publicação interna de sua companhia, comprova o nosso receio: "Acho um ponto positivo no nosso jornal a ausência daquelas piadinhas bobas, características dos jornais de empresa em geral. O importante é tratar assuntos inteligentes"(29).

É evidente que a opinião de um funcionário não representa as necessidades gerais. Devemos convir, porém, que o funcionário da empresa é um leitor em potencial como qualquer outro, exposto às mais modernas técnicas de comunicação, através do rádio, da imprensa, da televisão ou do cinema. Esta exposição pode torná-lo mais exigente, evitando a sua identificação com um passado onde o melhor sistema de impressão para as publicações era o mimeógrafo.

A eficácia de uma publicação interna depende também de sua possibilidade de alcançar o público da maneira mais eficiente e rápida possível. Todo o trabalho se perde, por exemplo, quando há falhas no sistema de distribuição. Daí os cuidados com este aspecto. Como distribuir? Pelo correio? No próprio recinto da empresa? Na hora do trabalho? No portão de saída? Nos Estados Unidos, observa-se uma tendência para a distribuição através do correio. Uma pesquisa realizada pelas *Associated Industries* de Cleveland, com o objetivo de apurar a freqüência mais constante nos esquemas de distribuição, constatou que, entre 300 firmas consultadas, 52% remetiam as publicações pelo correio, 32% as distribuíam no portão de entrada e o restante através de outros sistemas, como a distribuição no dia do pagamento, no portão de saída, etc.

A distribuição nem sempre consegue fazer com que os empregados recebam as publicações simultaneamente. Este problema é maior nas empresas que possuem unidades geograficamente dispersas. Como fazer chegar as publicações a todas as unidades no mesmo momento? Os editores encontram inúmeras dificuldades para descobrir o melhor sistema de distribuição. Eventuais falhas geram desinteresse nos públicos das empresas.

A distribuição depende diretamente do índice quantitativo da comunidade, que, por sua vez, dá origem ao fator tiragem das publicações. Em que cálculos se deve apoiar a tiragem? Apenas no número de empregados da empresa? Os esquemas de distribuição podem deixar muitos funcionários sem publicações, ocorrendo freqüentemente o que os empresários jornalísticos chamam de "encalhe" — sobra de publicações. Fica patente a distorção: funcionários deixam de receber suas publicações, enquanto no departamento encarregado se vão acumulando as "sobras", com acentuada perda de custos para a empresa.

Muitos editores imaginam que a etapa final de seu trabalho é a distribuição, após a qual partem para a programação de uma nova edição. E os efeitos e repercussões que provocam as publicações? Não seria necessária uma avaliação do trabalho realizado? Muitos fatores que contribuem para ampliar o rol de dúvidas têm origem na ausência de pesquisas sobre os efeitos. No Brasil, não se conhece nenhuma pesquisa, apoiada em base científica, sobre os efeitos das publicações empresariais. O que se sabe sobre elas é semelhante ao que se conhece sobre o "efeito hipodérmico". As publicações são necessárias, provocam interesse, satisfazem as empresas, portanto devem ser feitas. Interessam aos funcionários? Como interessam?

Nenhuma publicação pode existir sem o apoio da empresa. A sua natureza, as suas características técnicas, a sua dimensão social, os seus objetivos, enfim, a sua existência dependem de apoio, o que significa principalmente dinheiro. Este é talvez o fator determinante principal, em cuja ausência os outros deixariam de existir. Se a empresa raciocina em termos de lucro, até que ponto ela deve investir nas publicações empresariais? São elas um bom investimento? Infelizmente, o jornalismo empresarial deixa muitas perguntas sem resposta, não apenas pelo fato de constituir um campo que apenas começa a crescer mas também pelas diferentes interpretações que recebe.

9. REFERÊNCIAS

1. Segundo Berlo, há cinco habilidades de comunicação. Duas são codificadoras: a escrita e a palavra. Duas são decodificadoras: a leitura e a audição. A quinta é o pensamento ou raciocínio, essencial tanto para a codificação como para a decodificação. Para explicar o que significa atitude, Berlo dá o seguinte exemplo: "Suponhamos um homem, o sr. A, e um objeto X, que poderia ser outra pessoa, o próprio sr. A ou qualquer outro objeto. Podemos dizer que o sr. A mantém uma atitude quanto ao objeto, se ele tem alguma predisposição, alguma tendência, algum desejo de aproximar-se ou de afastar-se de X". Ao explicar o fator a nível de conhecimento, Berlo diz: "Ninguém é capaz de comunicar aquilo que não sabe; ninguém comunica com a máxima efetividade material o que não conhece. (...) O comportamento da fonte é afetado pelo quanto ela sabe sobre suas próprias atitudes, sobre as características do recebedor, sobre os meios pelos quais poderá produzir ou tratar as mensagens, sobre as várias escolhas que poderá fazer de canais de comunicação, etc. E o quarto tipo de fator — sistema sócio-cultural — refere-se ao sistema social onde a fonte está locali-

zada". Explica Berlo: "Pessoas de diferentes classes sociais comunicam-se de forma diferente. (...) Os sistemas social e cultural determinam em parte as escolhas de palavras que as pessoas fazem, os objetivos que têm para comunicar, os canais que usam para esta ou aquela espécie de mensagem, etc.". Em seguida, Berlo traça estas mesmas considerações para o receptor da comunicação. Cf. Berlo, *O Proc. da Com.*, pp. 50-51-52.

2. "Publicações para Empregados". *In* Redfield, *Com. Adm.*, p. 129.

3. Cf. Weiss. *Com. et Presse D'Entrep.*, p. 131.

4. Cf. *Rel. Púb.*, pp. 583-592.

5. Cf. *Rel. Púb. na Ind.*, p. 143.

6. Cf. *As Rel. Púb.*, p. 52.

7. *Rel. Púb. nas Emp. Modernas,* p. 170.

8. Moles usa os seguintes conceitos: *"Distorção intrínseca* — perturbação resultante de uma alteração física por defeito ou por excesso de grandeza física relativa aos elementos da mensagem recebida, em relação à mensagem transmitida. Ex.: repetição, destruição de elementos. *Distorção extrínseca* — perturbação resultante da adição, à mensagem transmitida, no canal, de elementos físicos estranhos à mensagem originária. *Interferência* — 'aparição', num dos canais, de uma interpenetração de duas mensagens pertencentes a duas comunicações distintas. *Perturbações* — diferença entre a estrutura da mensagem transmitida e a da mensagem recebida". Cf. Moles, *As Com. na Emp.*, pp. 31-32.

9. Conforme foi visto em capítulos anteriores, o funcionário trabalha com mais satisfação se compreende, não apenas as suas tarefas e responsabilidades mas também as responsabilidades da empresa. Para isto, é preciso que a empresa se faça conhecida. Pela dependência do empregado à empresa, esta jamais poderá ser considerada como um "corpo estranho".

10. Klapper diz o seguinte: "A nova orientação que, com certeza, foi até agora formulada (para a comunicação de massa), pode talvez ser descrita de uma maneira confessadameste simplificada, como um afastamento do conceito de 'efeito hipodérmico', no sentido de um enfoque que pode ser chamado 'situacional', 'fenomênico' ou 'funcional'. É um desvio da tendência que considera a comunicação de massa como uma causa necessária e suficiente dos efeitos de audiência, para um enfoque dos *media* como influência, trabalhando juntamente com outras influências, numa situação total". Klapper, Joseph T. "Os Efeitos da Comunicação de Massa". Trad. de Amélia Cohn, *in* Cohn, Gabriel, *Comunicação e Indústria Cultural,* p. 165.

11. Lane, Robert E. e Sears, David O. *A Opinião Pública,* trad. de Álvaro Cabral, Zahar Editores, Rio de Janeiro, 1966, p. 29.

12. Em setembro de 1972, uma empresa de São Paulo recebeu a visita de um ex-funcionário, hoje profissional do mundo artístico dos Estados Unidos. Enquanto a imprensa paulista, ao noticiar sua chegada, apresentava um determinado conteúdo principal, a publicação interna da empresa visitada pelo ex-funcionário evitava mencionar os ângulos abordados pelos jornais diários. Os funcionários certamente tiveram algum acesso às mensagens transmitidas pelo rádio, televisão ou jornais.

13. Childs, Harwood L. *Relações Públicas, Propaganda e Opinião Pública,* trad. de Sylla Magalhães Chaves, Fundação Getúlio Vargas, São Paulo, 1964, p. 52.

14. Sob este ponto de vista, a comunicação pessoal é um meio mais eficaz de persuasão do que a comunicação de massa, conforme demonstra Wright, ao analisar conclusões de estudiosos sobre o assunto. Wright, C. *Comunicação de Massa*, p. 69.

15. *El Periodismo Industrial*, p. 22.

16. Pesquisa realizada pela *Champion Paper and Fibre Company*, entre 520 empresas norte-americanas, mostrou a importância de a empresa fazer-se conhecida junto a todos os empregados.

17. Sentindo que não havia congraçamento entre as atividades esportivas das Regionais da Superintendência de Água e Esgotos da Capital, o jornal *Ligação* promoveu uma entrevista com os presidentes das agremiações esportivas. Deste encontro, publicado pelo jornal, surgiram várias iniciativas em comum. Cf. *Ligação*, n.º 11, setembro de 1972.

18. *Rel. Púb. para Gerentes*, p. 120.

19. De acordo com Moles, o comportamento de um indivíduo é determinado pela soma: "1) de uma bagagem hereditária, dando a estrutura geral de seu organismo; 2) dos acontecimentos de sua história particular, inscritos por seus reflexos condicionados e sua memória nesse organismo e que lhe definem a 'personalidade'; 3) de seu meio ambiente presente, contra o qual esse organismo reage." Cf. Moles, *Teoria da Informação e Percepção Estética*, p. 14.

20. Os termos "significação denotativa e significação conotativa" são definidos da seguinte maneira por Carrol: "Poderemos descrever a *significação denotativa* de uma forma através da especificação das propriedades e padrões de estimulação que são essenciais — isto é, *criteriais* — por causa do seu uso socialmente aprovado na comunidade lingüística. As definições de dicionários são bem-sucedidas na medida em que conseguem realizar essa especificação. *Significação conotativa*: quando um indivíduo acumula experiência com os padrões de estimulação correspondentes a uma dada forma lingüística, reage não somente a atributos 'criteriais' desses padrões, mas também aos atributos 'não criteriais' — atributos que ocorrem com esses padrões tanto nos contextos externos quanto verbais, com considerável regularidade, mas que não governam o reforço pela comunidade lingüística. Por exemplo: 'amizade' pode ser um freqüente atributo de 'cachorro', mas é irrelevante à compreensão da palavra cachorro. As reações da pessoa a atributos não criteriais tornam-se vinculadas, através dos processos de condicionamento, a reações de significações que não correspondem a atributos criteriais que podem ser denominados como *significação conotativa* de uma forma. Carrol, John B., *Psicologia da Linguagem*, trad. de Maria Aparecida Aguiar, Zahar Editores, Rio de Janeiro, 1969, pp. 69-70.

21. Hayakawa usa, além de denotação e conotação, os termos "significado extensional e significado intensional". De acordo com sua definição o significado *extensional* de um enunciado é aquilo que ele indica ou aponta (ou denota) no mundo extensional. (Ao explicar o que é o mundo *extensional*, diz Hayakawa: "Todos nós vivemos em dois mundos. Primeiro, um mundo de coisas que acontecem em torno de nós — o mundo ao qual conhecemos de primeira mão. Mas este é um mundo extremamente pequeno, constituído daquele *continuum* das coisas que realmente vimos, sentimos ou ouvimos (...) A maior parte do nosso conhecimento, adquirido através de nossos pais, conversas, amigos, discursos e rádio, jornais, escolas, recebêmo-la verbalmente. (...) Chamamos a esse mundo que nos chega através de palavras de *mundo verbal,*

em oposição ao mundo que conhecemos ou somos capazes de conhecer através de nossa própria experiência, e ao qual chamaremos de *mundo extensional"*.) Equivale a dizer que o significado *extensional* de alguma coisa não pode ser expresso por meio de palavras, pois é aquilo que as palavras representam. Um modo fácil de nos lembrarmos disso consiste — segundo Hayakawa — em taparmos a boca com a mão e apontar o objeto com o dedo, sempre que alguém nos pedir um significado extensional. E o significado *intensional* de uma palavra "é tudo aquilo que nos é sugerido (conotado) pela nossa própria cabeça. De modo geral, quando quer que exprimamos o significado de uma palavra mediante a enunciação de mais palavras, estaremos, *ipso facto,* lhe emprestando um significado intensional, ou conotação. (...) Naturalmente, as asserções podem possuir ambos os significados: o *extensional* e o *intensional"*. Cf. Hayakawa, *A Linguagem no Pensamento e na Ação,* pp. 23-24 e 46-47.

22. *As Comunicações na Empresa,* p. 26.

23. Carrol diz que uma das maneiras mais profundas pelas quais as pessoas diferem é através do seu conhecimento do vocabulário e da estrutura da língua. Por *influência ideativa,* Carrol entende "a facilidade do indivíduo em evocar o maior número possível de idéias a respeito de um determinado tópico ou tema; procura-se mais o número de idéias diferentes que a sua qualidade; a *influência de expressão* é a facilidade do indivíduo em formular idéias — isto é — dada uma idéia, a sua facilidade em exprimi-la por meio de palavras e construções gramaticalmente aceitáveis; a *facilidade de denominação* consiste na capacidade de se dar rapidamente o nome das coisas, formas, cores, etc., quando uma série desses itens é apresentada em sucessão rápida". Cf. *Psicologia da Linguagem,* pp. 106-07.

24. Berlo, ao dizer que os elementos integrantes do processo da comunicação agem uns sobre os outros, explica que, para estudá-los isoladamente, se deve paralisar a dinâmica do processo: "Tal como paramos o movimento quando tiramos uma fotografia. Podemos fazer observações bem úteis por meio da fotografia, mas erraremos se esquecermos que a câmara não é a reprodução completa dos objetos fotografados". Cf. *O Proc. da Com.,* p. 31.

25. Eis alguns tipos de papel usados pelas gráficas nas publicações empresariais: couché, kromolux, kromekote, opaline, super-white, colorset, acetinado, sulfite, buffon, jornal linha d'água, ilustração, etc. Há diversos tipos com gramagens diferentes.

26. Jornal *Ondas e Estrelas,* das Organizações Brasileiras Reunidas Philips, n.º 42, setembro de 1972, pp. 8-9.

27. Jornal *Panorama,* outubro de 1972, n.º 117, p. 11.

28. Jornal *O Risco,* n.º 12, agosto de 1972, p. 11.

29. Opinião expressa no jornal *O Risco,* n.º 12, agosto de 1972, p. 8.

CAPÍTULO IV

UM MODELO PARA AS PUBLICAÇÕES

1. CONSIDERAÇÕES INICIAIS

Com o objetivo de elucidar questões levantadas em capítulos anteriores, tentaremos elaborar um modelo para as publicações empresariais. Trata-se de um esquema, cuja base maior de sustentação reside na necessidade de a empresa considerar a publicação como um amplo programa de integração no plano das comunicações, e não apenas como um canal de efeitos reduzidos.

Dentro do sistema organizacional, a publicação assume feições de um programa com poderosas repercussões junto ao trinômio: *organização-decisão-comportamento*. Permite o fluxo de comunicações nos dois sentidos (vertical e horizontal), retratando o sistema integral da empresa e ajudando a organização interna; possibilita que a cúpula empresarial avalie as capacidades e atitudes da comunidade, criando as condições para que a direção tome decisões seguras em relação a ela e ao próprio sistema; reflete os comportamentos recíprocos assumidos pela empresa e pelos empregados. O conhecimento recíproco é essencial para uma política de bom relacionamento.

Traçando uma imagem feliz de publicação interna, podemos compará-la a um termômetro que afere as temperaturas diferentes do sistema empresarial.

2. A DIMENSÃO DA EMPRESA

A criação de uma publicação interna esbarra, inicialmente, nas necessidades ditadas pela estrutura organizacional e pelo número de funcionários. A partir de que porte empresarial deve ela existir?

Em princípio, podemos dizer que a publicação interna se faz necessária seja qual for o porte da empresa. Há um consenso geral em considerar a pequena empresa como um sistema livre de problemas de estrutura organizacional ou de comunicação, mas trata-se de um terrível engano. "Os piores exemplos de pobreza de espírito são em geral encontrados na pequena empresa" — diz Peter Drucker (1).

Por essa razão, consideramos viável a implantação de um programa de comunicação, através da publicação interna, a partir do momento em que a empresa deixa de ser um pequeno negócio, um empreendimento de um só homem com um quadro bem limitado de funcionários, embora o número de funcionários não diga muito em relação à dimensão da empresa. Se uma companhia de planejamento possui, por exemplo, 1.000 funcionários, pode ser considerada grande, mas essa quantidade é insignificante para uma indústria automobilística.

A viabilidade do nosso modelo aplica-se, portanto, a empresas onde se possa aferir certo grau de especialização de funções e separação de poderes ou que já possuam uma estrutura linear, funcional, de linha e assessoria (2). Se quisermos pensar em termos quantitativos, imaginemos uma comunidade em torno de 2.500 a 3.000 pessoas. Em quaisquer circunstâncias ou em quaisquer empresas, mesmo naquelas que tenham uma população entre 500 e 1.000 funcionários, a publicação interna sempre traz efeitos positivos (3).

3. OS NOVOS TERMOS

Propomos, em seguida, que se afaste o conceito obtuso, freqüentemente difundido e consagrado, decorrente do termo inglês *houseorgan*. A maneira de evitar a confusão por ele gerada é simplesmente esquecê-lo, de uma vez por todas, idéia já posta em prática em outros países. O emprego deste termo é inconveniente por razões óbvias (o estrangeirismo, por exemplo), e também pela ambigüidade de sua significação. A tradução "órgão da casa" poderá significar que qualquer publicação interna se enquadra no âmbito do jornalismo empresarial. Mas, como vimos anteriormente, a teoria jornalística seleciona as suas publicações distinguindo-as das que pertencem à área da editoração.

O abandono do termo *house-organ* implica, necessariamente, a escolha de outro. Não há inconveniente no uso da expressão *publicações internas,* contanto que imediatamente se associe o significado à natureza técnica: jornal, revista ou boletim. São estas as três categorias que moldaram o quadro do jornalismo empresarial, e a sua simples designação já dá margem a uma interpretação jornalística própria.

Para especificar ainda mais, é preciso ligar a natureza técnica da publicação ao seu destino. Evitar-se-ão todos os equívocos, ao se usarem expressões como *jornais internos, boletins internos, revistas internas.* Assim, cada publicação, por seus próprios objetivos, situa não apenas o âmbito, mas também define o público a que se dirige.

4. A ESTRUTURA JORNALÍSTICA

Outra proposição pretende atribuir a responsabilidade do jornalismo empresarial interno a um especialista da área jornalística. Há um consenso comum, até entre os autores de Relações Públicas, no sentido de deixar a execução das publicações a cargo de um jornalista profissional. Este ponto de vista é bastante lógico, e atende também às exigências legais emanadas do Decreto-lei n.º 972, de outubro de 1969, que regulamentou a profissão de jornalista. O artigo 2.º do decreto diz: "A profissão de jornalista compreende, privativamente, o exercício habitual e remunerado de qualquer das seguintes atividades: a) redação, condensação ou coordenação de matéria a ser divulgada, contenha ou não comentário (. . .) e) planejamento, organização e administração técnica dos serviços de que trata a alínea "a"(4).

Em muitas empresas, a execução editorial da publicação se encontra sob a responsabilidade de um jornalista. Esta tendência ganha corpo internacionalmente. Nos Estados Unidos, em 1978, 63% dos redatores de jornais de empresa eram formados em Jornalismo, sendo o maior índice da escala.

Se buscarmos a opinião de alguns autores de Relações Públicas, constataremos certa unanimidade quanto ao fato. Derriman exige um "editor experiente, por tempo integral, se as circunstâncias o permitirem"(5). Canfield exige qualidades de um "redator-secretário, que deve ter treinamento, experiência jornalística e mais experiência comercial. Um secretário que foi repórter, redator de artigos especiais ou de revista técnica ou de classe que tem experiência de noticiários, paginação e produção de periódicos, precisa também compreender os problemas e práticas da organização de empresa, do seu pessoal, fabricação, relações trabalhistas, finanças e distribuição"(6).

É interessante observar como Canfield, um teórico de Relações Públicas, falando, portanto, em nome de sua área, exige qualidades tão ecléticas do jornalista. Nas entrelinhas do seu pensamento, ele deixa escapar uma ingerência das Relações Públicas em outras áreas, quando reclama do "redator-secretário" conhecimentos de Relações Industriais, Pessoal, etc. Já que ele deseja qualidades e capacidade tão amplas, como poderia um profissional desempenhar bem a sua tarefa, se estivesse subordinado apenas ao Departamento de Relações

Públicas? Por que não deveria subordinar-se ao Departamento de Relações Industriais ou ao Departamento de Pessoal? Tanto ele como Derriman e outros autores são unânimes em exigir um "rico" acervo de qualidades do profissional que executará a publicação, mas o subordinam ao Departamento de Relações Públicas.

As qualificações exigidas pelos autores de Relações Públicas dão a entender que a publicação interna se revestirá de um verdadeiro ecletismo editorial: problemas e práticas da organização de empresa, pessoal, fabricação, relações trabalhistas, finanças e distribuição, apenas para citar os requisitos especificados por Canfield.

Quem poderia, com isenção de espírito, estabelecer uma programação capaz de atender a todas as solicitações? Na nossa opinião, uma única solução se apresenta: o comando da publicação deve ser confiado a uma estrutura de comunicação com subordinação direta ao mais alto topo da organização. Em termos mais explícitos, a publicação interna deve inserir-se numa estrutura de comunicação, ao lado de outros programas, como os de Relações Públicas, *marketing* cultural, editoração, assessoria de imprensa, publicidade e propaganda.

O desenvolvimento deste livro mostrou os perigos que poderão ocorrer e que infelizmente ocorrem quando uma atividade jornalística é repartida entre diversos comandos e subordinações. E talvez nem fosse preciso lembrar que uma estrutura de comunicação teria todas as condições de assimilar a política empresarial e os desejos da comunidade, tornando-se a solução mais viável para servir de intermediária entre interesses em conflito: Planejamento x Relações Industriais x Pessoal x Serviços Sociais. Mas a responsabilidade direta (execução, redação) da publicação recairia sobre o jornalista. Além disso, em algumas empresas, é possível e até aconselhável imaginar-se a execução da atividade pelo jornalista e a coordenação geral a cargo do RP. As publicações continuariam a desempenhar as suas funções de instrumento das Relações Públicas, das Relações Industriais ou de outras atividades.

Para que a nossa posição seja mais facilmente compreendida, imaginemos uma empresa jornalística, cujos acionistas são donos de grandes indústrias. De um lado, existe o grupo detentor do maior número de ações; de outro, os empresários restantes. O diretor-presidente da empresa geralmente integra o grupo mais forte. A política editorial da publicação representa, pois, os interesses do seu grupo; no entanto, ele não pode chocar os interesses dos demais. Transpondo a imagem para a empresa, podemos imaginar a cúpula empresarial como o maior acionista, e os departamentos da estrutura organizacional e a comunidade como os outros donos. Para atender, ao mesmo tempo, os interesses da cúpula (política empresarial) e os desejos dos outros proprietários, torna-se necessária uma estrutura de mediação capaz de cumprir um programa que satisfaça a todos. Ela deverá ter uma moldura essencialmente de comunicação, pois o produto fabricado diz respeito à sua atividade. A fim de livrar-se de pressões, esta estrutura deve-se reportar aos mais altos escalões da organização.

O porte empresarial determinará o tipo de estrutura a ser criado. Como ponto de partida, apontamos duas idéias: a) nas empresas de grande porte, cria-se uma seção, departamento ou divisão, de natureza funcional, dentro de uma Área de Comunicação; b) em empresas de médio e pequeno porte, contrata-se um jornalista para trabalhar em tempo integral, este prestando serviços também dentro de uma Área de Comunicação.

A estrutura funcional ou o jornalista podem deixar de reportar-se diretamente à cúpula, quando esta possuir uma Gerência ou Diretoria de Comunicações — como já existe em São Paulo (7) — que centralize toda a política de comunicações. Neste caso, o comando da publicação, de acordo com o melhor conceito técnico, deve integrar a Área de Comunicação, e esta se subordinará de maneira imediata ao topo. A concentração das atividades de comunicação é necessária para evitar os pontos de vista subjetivos que marcariam as publicações e os outros programas, caso estivessem subordinados a outros Departamentos (RP, RI, Pessoal, Serviço Social, etc.). As exceções ficam por conta de compreensíveis questões internas, inerentes à vida de cada empresa.

Para evitar a fragmentação das comunicações, o responsável pela publicação reunirá todo os pontos de vista, dando aos departamentos e à comunidade um tratamento equânime. A harmonia será, assim, preservada: os principais departamentos que até agora têm cuidado das publicações internas (Relações Públicas, Relações Industriais, Pessoal, Serviço Social ou de Assistência, entre outros) terão representantes junto à publicação. Os chefes desses departamentos poderão formar um Conselho Editorial, com as seguintes atribuições:

a) sugerir idéias, planos e programas para as publicações internas;

b) avaliar o trabalho desenvolvido pela publicação no que diz respeito às atividades dos departamentos que o integram;

c) orientar a estrutura de comando para determinados aspectos que mereçam ênfase nas publicações.

Desse modo, na política a ser traçada, serão acolhidos todos os pontos de vista particulares dos principais setores encarregados da comunicação na empresa. O tratamento será igual para todos, e a publicação poderá enfatizar determinadas exigências feitas por um ou outro departamento.

Todas as sugestões, avaliação e orientação serão feitas por escrito e apresentadas ao jornalista-chefe da estrutura numa reunião mensal. Os resultados da reunião fornecerão os elementos iniciais para o jornalista elaborar a sua programação.

O estreitamento entre a estrutura de comando/direção da empresa e o trabalho conjunto de programação evitarão os mal-entendidos e transtornos resultantes da publicação de matérias que não deveriam sair ou deveriam ser tratadas de forma diferente.

O jornalismo empresarial ganharia, assim, uma base própria, apta a desenvolver uma atividade jornalística sem incômodos e conflitos, sem as preocupações de satisfazer determinado setor e desmerecer o trabalho de outro e com liberdade de ação para corresponder aos anseios da comunidade empresarial.

5. SERVIÇOS EXTERNOS

A produção de uma publicação exige a combinação de serviços especializados. Além do jornalista (repórter ou redator), a estrutura de comando precisa de serviços de diagramação, artes e desenho, revisão, etc., surgindo, portanto, a necessidade de trabalhos especiais de um diagramador, de um *layoutman,* de revisor, fotógrafo, etc.

As empresas tendem, contudo, a evitar despesas com estruturas ou serviços que não constituam o objeto principal de sua atividade. Se a empresa não pretender admitir um quadro de especialistas e optar apenas pela contratação de um jornalista (segunda idéia), por investir numa atividade que não é o objeto principal de sua política de produto, a solução mais viável é a contratação de serviços de outras organizações, especializadas no campo.

As vantagens de uma estrutura completa no seio da empresa justificam-se quando o volume de serviços a serem feitos compensar o investimento. Isto é, quando a estrutura puder assumir outros trabalhos jornalísticos que não apenas a feitura da publicação interna, exigirá a admissão de especialistas de outras áreas. As vantagens da contratação de serviços externos são aferidas do ponto de vista da compensação financeira. A não contratação de especialistas reduz as despesas com o pessoal efetivo e, conseqüentemente, com os encargos trabalhistas. As conveniências deverão ser medidas pela estrutura de comando. Mas em nenhuma hipótese é possível admitir a idéia da dispensa de jornalista profissional para trabalhar em tempo completo na empresa e assumir a responsabilidade da publicação interna.

6. NATUREZA DO CANAL

Nossa proposta seguinte refere-se à escolha do canal a ser adotado. A definição da natureza técnica da publicação é importante pelos valores intrínsecos e extrínsecos que ela poderá apresentar. Se a escolha da publicação recair num boletim, por exemplo, já se sabe — como anteriormente foi explicado — que este canal terá poucas possibilidades de apresentar uma gama variada de temas. A natureza também depende da periodicidade da publicação. Um boletim, com suas limitações, pode equivaler a um jornal, se houver uma proporção harmônica entre os períodos de edições de um e outro. Um boletim de quatro páginas, de periodicidade quinzenal, compara-se teoricamente a um jornal de oito páginas, de periodicidade mensal. Considerando-se os prós e os contras, traçados no Capítulo II deste trabalho, sugerimos o seguinte critério de escolha:

Número de páginas	Natureza técnica
1) Uma publicação entre 8 e 20 págs. Periodicidade: mensal	Jornal
2) Uma publicação com mais de 20 págs. Periodicidade: bimestral	Revista
3) Uma publicação de até 4 págs. Periodicidade: semanal ou quinzenal	Boletim

Esta flexibilidade permite que empresas de portes diferentes escolham o canal e a periodicidade que lhes forem mais proveitosos. Dentre os canais apresentados, aquele que pode desempenhar mais eficientemente os seus objetivos é o *jornal interno de empresa*. As explicações para a sustentação desse ponto de vista são múltiplas. Em primeiro lugar, é preferível um veículo de periodicidade média, que possa evitar as desvantagens do boletim ou da revista.

Um boletim, mesmo com periodicidade semanal ou quinzenal, tem reduzidas possibilidades de oferecer matérias de interesse geral.

Sua natureza técnica amplia a capacidade de rapidez para informar. É o típico veículo de gênero informativo. Pela diversificação de gostos, atitudes, interesses de comunidade, seria muito difícil para um boletim publicar matérias institucionais, matérias sobre a comunidade, educação e orientação, entretenimento, etc. Sua maior freqüência junto ao público (semanal ou quinzenal) certamente acarretaria informações mais rápidas. Mas, se tentasse abordar temas mais variados, fragmentaria uma programação de interesse para o público da empresa, pois cada edição traria apenas resumos de grandes assuntos. A variedade temática é mais importante que a freqüência (semanal, quinzenal) do boletim.

A revista, que tem geralmente mais de 20 páginas, apresenta vantagens quanto à qualidade técnica da impressão. O seu tamanho exige uma periodicidade de intervalos mais amplos. Sua natureza técnica requer maior índice de ilustrações, com a diminuição do texto. Uma revista de 20 páginas apresenta volume de texto igual ao de um jornal de 12 páginas. Sua periodicidade bimestral torna-a mais distante do público.

Por todos esses aspectos, consideramos o jornal o veículo mais adequado. Com uma periodicidade mensal e uma média de 8 a 12 páginas, o jornal, proporcionalmente, tem um custo menor e pode garantir o noticiário predominante no boletim e os recursos técnicos e artísticos da revista: exploração de fotografias, matérias interpretativas, variedade temática.

Devido à facilidade de manuseio e leitura, o formato tablóide é o mais indicado para o jornal. A medida-padrão deve ser a de 37 cm de altura por 27 cm de largura.

7. ESCOLHA DO CONTEÚDO

A definição do canal — no nosso modelo, um jornal de 8 a 12 páginas — facilita o processamento de todas as fases posteriores. Estas fases começam na seleção do conteúdo. De início, o editor responsável deve atentar para duas categorias gerais de informação: 1) as informações sobre a empresa; 2) as informações sobre os empregados. O princípio orientador da escolha apóia-se na premissa de que as matérias sobre a companhia devem interessar aos empregados e as matérias sobre os empregados devem interessar à companhia.

Propõe-se a seguinte média percentual para as duas categorias gerais de informação: 30 a 40% de matérias estritamente institucionais e 60 a 70% de matérias gerais, de interesse de toda a comunidade empresarial. Essa proporção é orientada pelos seguintes critérios: a) o conhecimento recíproco entre a empresa e os empregados exige a produção de fluxos de mensagens de um para outro; b) a proporção de matérias de interesse geral deverá sempre superar o índice de informações institucionais. O excesso deste tipo de matéria pode gerar desconfiança e tornar a publicação monótona; c) a margem de 10% sugerida para a escolha dos dois tipos de mensagens tornará flexível a programação, em cada caso.

Para aferir o que interessa à comunidade, o comando da publicação deve elaborar uma pesquisa, por meio de questionário, a fim de conhecer a natureza da composição da audiência: número, estado civil, sexo, faixa de salários, interesses, motivações, atitudes, níveis intelectuais, índice de especialização, etc. Toda programação baseada em critérios empíricos e subjetivos (conversas de "ouvir dizer") pode fracassar.

Ao lado da pesquisa estatística, o editor da publicação procurará percorrer todas as áreas da empresa para sentir as tendências em cada grupo. Lord Bryce, em 1893, já dizia que "a melhor maneira de descobrir e avaliar as tendências em ação em cada comunidade é locomover-se livremente entre os homens de todas as espécies e condições, anotando o efeito neles produzido pelas notícias e argumentos trazidos ao seu conhecimento (...) A conversa é a melhor maneira de captar a verdade, pois conduz diretamente aos fatos, enquanto a leitura não apresenta tanto os fatos quanto o que o escritor acredita ou deseja fazer outros acreditarem. O observador treinado aprende a aproveitar as pequenas indicações, da mesma forma como um velho marinheiro discerne, mais depressa que os outros, os sinais de uma tempestade que se aproxima"(8). Este segundo tipo de pesquisa permite a aferição direta do comportamento da comunidade.

Com a descoberta das atitudes, interesses e gostos, a programação se orientará pelos índices divisionais que caracterizam os grupos heterogêneos da comunidade. Harwood L. Childs diz: "É preciso descobrir um denominador comum para cada grupo". Os dados das pesquisas poderão indicar esses denominadores comuns.

As descobertas guiarão o editor na distribuição proporcional das matérias. Quanto à natureza técnica, ele poderá seguir o roteiro abaixo e escolher os tipos que achar convenientes à edição:

1) *Matérias-retrato* — O intuito é o de traçar um esboço das características físicas e comportamentais dos membros da comunidade. São levantados todos os seus hábitos, costumes, *hobbies,* roteiro profissional, família, ingresso e situação na empresa, qualidades associativas, opiniões sobre diversos assuntos do momento. Este tipo

de matéria promove e valoriza o empregado, permitindo, ao mesmo tempo, que os seus colegas o conheçam e com ele se identifiquem. É válida também para retratar os diretores e gerentes da empresa.

2) *Matérias departamentais* (departamento, seção, unidade, serviço, etc.) — O objetivo deste tipo de matéria é o de apresentar a situação do departamento dentro da empresa; sua coordenação com outro(s) departamento(s); a descrição dos processos de administração usados; a descrição dos quadros existentes no departamento; o seu histórico e evolução; índices expressivos de produção; processos operacionais e técnicas usadas, etc.

3) *Matérias grupais* — Pela impossibilidade de apresentar, isoladamente, todos os membros da comunidade na publicação, o editor pode escolher um grupo de determinada área ou seção e torná-lo objeto de uma reportagem. Escolherá os objetivos da matéria-retrato para discorrer sobre cada um ou poderá selecionar determinados temas, sobre os quais cada funcionário do grupo discorrerá.

4) *Matérias de ilustração* — Este tipo de matéria apresenta assuntos que não têm ligação direta com a empresa. São matérias que informam, orientam, interpretam, ilustram o leitor, como por exemplo: matérias sobre cidades, recantos turísticos, planos governamentais, ídolos de massa, medicina e ciência, acontecimentos históricos, etc.

5) *Matérias orientadoras* — São aquelas cujo objetivo primordial é o de orientar os funcionários, apresentando informações que possam ser lidas, em qualquer época, sob quaisquer circunstâncias. As matérias orientadoras têm maior permanência temporal. Exemplos: segurança, higiene, orientação profissional, educação familiar, medicina, conselhos práticos, etc. Nas épocas do ano em que a empresa promover certas campanhas (segurança, redução do índice de acidentes), o editor aproveitará para unir as matérias de orientação com as campanhas da empresa.

6) *Matérias de entretenimento* — Satisfazem as necessidades de entretenimento do empregado. Muito importantes nas publicações, dirigem-se a todos os públicos da empresa, constituindo-se em denominador comum dos mais legítimos. Incluem as piadas, quadrinhos, adivinhações, palavras cruzadas, testes, etc.

7) *Matérias associativas* — Destinam-se a promover as atividades sócio-comunitárias, exercendo um papel importante na integração dos quadros sociais. Incluem as atividades esportivas, os movimentos dos grêmios e clubes recreativos, as mensagens de nascimentos, casamentos, aniversários, etc.

8) *Matérias de interesse feminino* — Abrangem informações sobre culinária, conselhos úteis de higiene e beleza, moda, decoração, discussão sobre o papel da mulher na sociedade (9). Por seus apelos de interesses múltiplos, atingem também a família do empregado.

8. A DIVISÃO DE GÊNEROS

De acordo com as preferências dos grupos, observando-se os índices quantitativos de cada um, o editor somará ao volume das matérias relativas à empresa aquelas referentes ao empregado e as outras de interesse geral. Dessa associação surgirá uma estrutura editorial para a publicação.

O enriquecimento editorial deverá apoiar-se numa divisão entre os gêneros jornalísticos, de forma a estabelecer um tratamento específico e adequado para cada tipo de matéria. Propomos um esquema com a seguinte divisão proporcional:

40% — matérias do gênero interpretativo

30% — matérias do gênero opinativo

20% — matérias do gênero informativo

90% — matérias jornalísticas

A esse índice será somada a percentagem de 10%, relativa a matérias de entretenimento.

O maior índice atribuído ao gênero interpretativo encontra sua razão de ser na necessidade de interpretação dos acontecimentos para a comunidade. Na medida em que a empresa e a comunidade precisam tornar-se conhecidas, a tendência é a opção por mensagens que expliquem, detalhem, exemplifiquem, retratem todos os acontecimentos do âmbito empresarial. A simples constatação de fatos (gênero informativo) pode gerar o desinteresse. A interpretação jornalística, por outro lado, imprime às matérias maior permanência temporal, tornando-as sempre atuais.

As matérias de orientação, a grande quantidade de colaborações que o editor receberá dos membros da audiência, os pequenos artigos, o editorial, enfim, todas as mensagens opinativas justificam sua colocação em segundo lugar na divisão de gêneros. Esta posição fortalecerá a caracterização da publicação como veículo de orientação e, ao mesmo tempo, permitirá um envolvimento maior dos empregados, que se sentirão, de certa forma, seus proprietários, ao verem matérias de sua autoria valorizadas pela letra de forma.

O noticiário de interesse passageiro aparece em terceiro lugar. A marca da objetividade, que caracteriza o gênero informativo, é responsável por grandes distorções nas publicações internas. Quando uma edição é recheada de informações secas, objetivas, dentro da fórmula tradicional do *lead*-condensado (10), depois de curto espaço de tempo, perde sua atualidade. O noticiário comum na publicação gira em torno de visitas, cursos, conferências, avisos e matérias, cujo objetivo é o de apenas tornar conhecidos certos fatos. Mas nem sempre as visitas de grupos, entidades, personalidades interessam à comunidade, daí o cuidado que se deve tomar em relação a este tipo de mensagem.

Numa pesquisa que realizou junto a operárias, Ecléa Bosi constatou que "o jornalzinho da fábrica, editado pelo Serviço Social, com destinação evidente ao pessoal da administração e burocracia, é o mais lido habitualmente", mas nem sempre apresenta matérias que interessam.

Eis como ela retratou uma publicação: "A primeira página traz notícias sobre teatro, em geral peças de nível alto. Depois, algumas notícias culturais (arte, vida de escritores), piadas em quadrinhos, palavras cruzadas, conselhos domésticos. Parece ser intuito do jornal elevar o padrão de cultura, trazendo na primeira página, por exemplo, a notícia de uma conferência da Associação Brasileira de Estudos Filológicos (obra louvável, mas que não atinge o trabalhador)"(11).

Em compensação, as notícias e os *flashes* sobre acontecimentos de interesse comum existem em enorme quantidade. O editor deve descobri-los, a fim de garantir o seu noticiário informativo.

As matérias de entretenimento precisam vir em último lugar, embora seja freqüente o predomínio desta categoria sobre as outras. A estrutura editorial, como uma receita dietética, é uma dosagem sobre o conjunto de mensagens. A predominância de matérias de entretenimento poderá vincular a publicação à imagem combatida do "jornalzinho", alterando sensivelmente as funções sócio-educativas do programa de comunicação estabelecido.

9. FONTES DE INFORMAÇÃO E ESQUEMAS DE CAPTAÇÃO

Ao lado da estruturação temática da publicação e da divisão proporcional dos gêneros jornalísticos, o comando preparará e acionará as fontes de informação, de forma a permitir o rigoroso cumprimento dos planos estabelecidos.

As fontes de informação na empresa são os diretores, os chefes de departamento, os supervisores e os empregados, de um modo geral. Para cada matéria, o editor escolherá a fonte comunicadora principal, as fontes secundárias ou as fonte diretas, indiretas ou adicionais (12).

Relacionadas as fontes, a editoria estabelecerá uma estrutura de captação de informações, em alguns pontos-chave da empresa. O melhor processo para remover a natural desconfiança do pessoal em relação a qualquer coisa emanada da direção é envolver os empregados no planejamento e na produção da publicação. Este esquema fornece ao editor um apoio logístico, principalmente quando as empresas possuírem unidades geograficamente dispersas. O editor escolherá um grupo de *correspondentes* para servir *pólos informativos* nas áreas principais da organização. Os informantes não apenas lhe indicarão os acontecimentos socialmente significativos de suas respectivas seções, mas funcionarão também como críticos e avaliadores das edições, falando em nome de um determinado grupo.

Os correspondentes terão obrigações perante o editor e este, como recompensa, poderá registrar os seus nomes no expediente. Deste modo, a estrutura de comando não trabalhará isoladamente e atenderá melhor às exigências e necessidades de cada setor. Com as informações que periodicamente receberá dos correspondentes, o comando poderá avaliar se a publicação está sendo bem recebida pela comunidade.

O fluxo de planejamento assume, portanto, características integradoras. Com as informações disponíveis, o editor reformulará a sua programação inicial, enriquecendo determinados aspectos da estrutura editorial. Para que os correspondentes se possam habituar aos critérios de seleção de informações e conhecê-los adequadamente, a estrutura de controle deverá programar, pelo menos uma vez por mês, uma reunião com todos eles.

Nesta reunião, serão colhidos elementos críticos a serem apresentados pelo editor no encontro imediato que terá com o Conselho Editorial. A comunidade estaria, assim, representada no conselho, através das opiniões dos seus correspondentes.

Outra vantagem da nomeação de informantes numa empresa encontra-se no acervo de informações e matérias que poderá surgir. Um dos principais problemas com que se defrontam as publicações é justamente a ausência de variedade temática. Esta falha existe porque os editores não costumam montar um sistema de captação de informações.

A criação de pólos informativos sustentará a estrutura temática de cada edição e trará maior variedade de assuntos, podendo até originar a criação de um "banco de informações" para o acúmulo das colaborações não aproveitadas. Este banco armazenará matérias para publicação em seqüência, de acordo com as necessidades.

10. SELEÇÃO DE INFORMAÇÕES

Intimamente ligados ao sistema de captação de informações estão os critérios de seleção. A subordinação direta do editor à cúpula empresarial o colocará em condições de estabelecer um rol de critérios de seleção, apoiado no bom senso. O seu contato direto com os correspondentes das diversas áreas e com os membros do Conselho Editorial também o ajudará no aprimoramento dos critérios de escolha. De um lado, ele poderá ser pressionado para dar maior abertura editorial, se ouvir apenas os correspondentes; mas de outro precisará corresponder à confiança que lhe é atribuída pela direção da empresa. Esta confiança é plena, absoluta. Como agir?

Apesar de considerarmos que os critérios de seleção de informações dependem sempre do tipo e das características da empresa, julgamos conveniente apresentar as seguintes sugestões:

— Devem ser eliminadas informações que contrariem a ética e os estatutos legais da empresa, informações que possam apresentar dúvidas quanto à integridade da empresa e dos seus dirigentes ou dos membros que dela participem.

— Devem ser eliminadas informações cuja divulgação possa causar prejuízos à empresa ou à coletividade empresarial. Ex.: segredos de técnicas de produtos, anúncios de produtos novos, a não ser quando autorizados. Ou informações que não apresentem interesse nem para a comunidade nem para a empresa.

— Devem ser evitadas informações que possam ferir as fontes de informação (pessoas, grupos, etc.) ou detalhes que provoquem mal-estar entre os amigos dos empregados, família, etc.

— Devem ser evitados dados supérfluos, desnecessários ao conteúdo das matérias, como as explanações exageradamente monótonas e repetitivas.

Estes são apenas alguns critérios gerais que se somam a outros, como aqueles relacionados por Luiz Beltrão: a lealdade para com o jornal e os leitores, a impessoalidade e o senso de oportunidade. É preciso evitar o tipo de informação citado, antes de a publicação ser impressa. Só há um responsável pela qualidade e pela política editorial da publicação: o editor. Excluem-se, evidentemente, os artigos que possam ser escritos por um membro da diretoria. Deste

86

modo, o editor lerá todos os textos, confirmando informações e eliminando dados supérfluos ou impublicáveis, a fim de evitar dissabores posteriores.

11. ESQUEMATIZAÇÃO MORFOLÓGICA

Estabelecida a estrutura editorial, acionados os correspondentes, captadas e selecionadas as informações, o editor procederá à esquematização morfológica da publicação. Uma edição que apresenta exclusivamente textos torna-se monótona e difícil de ser lida. Os recursos da ilustração e do espaço em branco criam motivação para a leitura. Uma proporção conveniente para as publicações internas é a seguinte:

> 60 a 70% — Texto
>
> 30 a 40% — Ilustração e espaço em branco

Esta divisão propicia um bom aproveitamento das matérias, ao lado de uma ótima utilização de recursos ilustrativos.

A esquematização morfológica completa-se com a definição das matérias por página. Esta definição traz, entre outras, as seguintes vantagens: 1) possibilita uma organização racional do conteúdo da publicação, atendendo às exigências de distribuição lógica dos assuntos, dentro de uma técnica de pólos motivadores de leitura ao longo de toda a publicação, porque determina espaços para cada assunto e separa as várias categorias de matérias; 2) marca as características físicas da publicação, facilitando para o leitor a busca dos assuntos do seu interesse mais imediato.

Deste modo, estarão sempre na mesma página as matérias associativas, enquanto os editoriais poderão ser lidos também em sua página específica, o mesmo ocorrendo com as notícias, as colaborações, as matérias de entretenimento, etc.

Dentro da distribuição de assuntos por páginas, entrarão as informações relativas a outras unidades da empresa. Se a empresa possuir unidades distantes uma das outras, o noticiário referente a cada uma virá na respectiva página, caracterizada pelo tipo de assunto. Se a matéria, por exemplo, for sobre as atividades esportivas será inserida na página esportiva. Os títulos vincularão o tema à unidade empresarial, sendo desnecessária a divisão da publicação em seções específicas. Evitar-se-á, desta maneira, a fragmentação da empresa, através de enfoques isolados para cada unidade, e surgirá a oportunidade para que todos tenham acesso ao conjunto. Isto implica a supressão dos encartes separados em cada edição e a eliminação das seções específicas, freqüentes em muitas publicações internas.

Quando a edição usar quadricromia nas capas, a esquematização morfológica deverá considerar, como estudo à parte, a distribuição dos conteúdos na primeira e na última página. A escolha dos assuntos para as capas obedecerá ao critério da importância dos textos, selecionando-se os principais. Na primeira página, serão feitas "chamadas" (13) para as matérias prioritárias, ao lado dos melhores efeitos fotográficos de toda a publicação. A contracapa, considerada uma página normal, também figurará na esquematização editorial. Se apresentar ilustrações coloridas, a sua confecção gráfica exigirá maiores detalhes e os mesmos cuidados observados para a primeira página.

12. ESTILO E LINGUAGEM

Como fazer para que o conteúdo programado possa atingir todos os leitores? Vimos, anteriormente, que os públicos da empresa são bastante heterogêneos e já constatamos a necessidade da realização de pesquisas para avaliar os gostos da comunidade. Mas é possível estabelecer alguns princípios gerais orientadores, que permitam a todos compreender e aceitar o conteúdo das mensagens.

Wilbur Schramm apresenta um resumido esquema que une os elementos de conteúdo aos elementos lingüísticos. Diz ele que uma maneira de determinar como as pessoas selecionam informação é pensar numa "fração de seleção" que pode ser apresentada assim (14):

$$\frac{\text{espera de recompensa}}{\text{esforço provável exigido}} = \text{probabilidade de seleção}$$

Isto é, a probabilidade de um leitor dedicar atenção a uma mensagem aumenta quando a gratificação é maior e o esforço menor. Este é um dos melhores princípios destinados a orientar o editor, não apenas quanto à escolha do conteúdo mas também quanto à linguagem a ser usada no texto.

Os estudiosos de *legibilidade* (15), guiados pela necessidade de aumentar a eficiência da comunicação, chegaram a algumas conclusões genéricas que, se não são originais, pelo menos norteiam a elaboração de textos jornalísticos.

Entre as principais conclusões das regras de legibilidade, formuladas pelos pesquisadores americanos Rudolf Flesch, Robert Gunning e Dale Chall (16), estão as que exigem *menor comprimento dos períodos, menor comprimento das palavras, utilização de termos conhecidos, explicação de termos técnicos,* etc.

88

Não há grandes novidades nessas conclusões. Além disso, as pesquisas por eles realizadas tiveram por base o vocabulário inglês. E a sua conclusão mais séria foi, como diz John Hohenberg, a redescoberta da velha regra que Ernest Hemingway aprendeu no *Star*, de Kansas City: "frases curtas, parágrafos curtos; seja positivo, não negativo".

Na empresa, o denominador comum para guiar o uso da linguagem está, mais uma vez, na natureza da audiência. Qual o maior grupo na empresa? Que níveis culturais e intelectuais ele possui? A descoberta deste grupo é uma exigência das mais sérias. Os editores são pressionados constantemente pelas chefias para apresentarem matérias sobre processos técnicos, que só podem ser descritos com a utilização de um vocabulário técnico, inacessível para muitas pessoas. Pode até ocorrer que um operário entenda o seu significado, por trabalhar na área da produção. Mas também pode acontecer que um funcionário de nível cultural e intelectual mais alto, da área da administração, não tenha acesso a esse significado.

Evitando a dissertação sobre as regras do estilo e da linguagem jornalística — pois, por enquanto, elas não constituem a nossa preocupação —, lembramos apenas que, para atingir um grupo bastante heterogêneo, a publicação deve escolher um "certo ponto hipotético central, algum denominador comum", como diz Peterson (17). A procura deste denominador comum geralmente dá às matérias um caráter de *impessoalidade,* pois a participação de quem codifica para o público é puramente mecânica. Ora, esta impessoalidade, apregoada por todos os autores de jornalismo, pode alongar as distâncias entre a publicação e o público da empresa. Daí a necessidade de dosar o denominador comum, ou o vocabulário médio que pode ser encontrado por uma pesquisa, com um toque de envolvimento. Somos favoráveis a uma linha de maior participação do redator nos textos e ao afastamento da total *impessoalidade* das informações. A participação conduz a maiores explicações e até a opiniões do redator no texto, excluindo-se, evidentemente, os abusos. A pessoalidade é também um modo de fazer com que a publicação desempenhe melhor as suas funções de orientação e esclarecimento, evitando os pontos obscuros e tornando-se até mais redundante (18).

13. CRONOGRAMA DE EXECUÇÃO

Nenhuma publicação é capaz de criar hábito no leitor se não tiver periodicidade regular e obedecida rigorosamente. A observância rígida de prazos é fator importante para sua afirmação e credibilidade junto ao público. A irregularidade de circulação amortece o interesse pela leitura. Portanto, o estabelecimento e o cumprimento de prazos devem ser leis das mais vigorosas na escala dos procedimentos editoriais.

Daí a necessidade da elaboração de um cronograma de execução para a publicação, feito a partir da data marcada para a distribuição, contando-se os dias no sentido retrocedente. Este cronograma especificará as datas para programação editorial, coleta do material, redação e copidescagem das matérias, diagramação, entrega do material nas oficinas, correção de provas gráficas, montagem, impressão final e distribuição. Eis um exemplo em que se adota como base uma hipotética edição para o mês de setembro:

MÊS DE SETEMBRO

Distribuição	2.ª correção de provas gráficas e impressão final	1.ª correção de provas gráficas e montagem	Composição
Dias 30-25	Dias 25-20	Dias 20	Dia 20-15
Entrega na oficina e diagramação	Copidescagem e redação	Coleta de material	MÊS DE AGOSTO Planejamento da Ed. de Setembro
Dia 15	Dias 14-10	10-1	Dias 30-25

Por este esquema, toma-se como última data da distribuição o dia 30. As gráficas geralmente passam 10 dias com a publicação, entre o processo de composição e o processo de impressão final. Assim, toda a coleta do material deve terminar até o dia 10 do mês, para que entre os dias 10 e 15 estejam completadas as fases de redação, copidescagem e entrega do material na gráfica. A correção de provas e a montagem são feitas num dia e a publicação deve ser imediatamente entregue à gráfica.

Há uma segunda correção de provas gráficas, que poderá ser feita na própria oficina. Isto significa que todo o planejamento da publicação de setembro deve completar-se nos últimos cinco dias do mês de agosto. Nestes dias, o editor deve manter reuniões com os correspondentes e com o Conselho Editorial, a fim de poder acionar o dispositivo de captação. Da mesma forma, desses encontros sairá a estrutura editorial da publicação. As reuniões de planejamento começarão com a análise crítica da edição anterior; no exemplo acima, com as críticas à edição de julho. Os resultados desta análise serão mais proveitosos se o editor, previamente, tiver indicado determinadas pessoas da empresa para fazê-la, de preferência por escrito. A crítica deve ser orientada em diversos sentidos: uma análise de profundidade, envolvendo a redação (estilo, dinamismo, valor das informações), diagramação (equilíbrio, harmonia entre texto/ilustrações/espaço em branco), titulação, localização de defeitos (revisão, paginação, montagem, fotografias, impressão, etc.). A edição seguinte evitará as falhas encontradas na anterior.

14. DISTRIBUIÇÃO

A distribuição da publicação será feita sempre numa data preestabelecida, que jamais deve mudar. Se esta data cair em feriados, a distribuição ocorrerá no primeiro dia útil subseqüente. Ainda que a empresa tenha unidades distantes umas das outras, o editor montará um esquema para que a edição possa chegar a todos os membros da comunidade no mesmo dia. Se isto for impossível, estabelece-se o seguinte princípio: unidades mais distantes devem ter prioridade na distribuição. As publicações, durante os cinco dias do ciclo de distribuição, devem chegar a todas as unidades, de forma que no dia 30 toda a comunidade as tenha recebido.

O melhor sistema de distribuição está na mobilização dos supervisores de cada área ou seção, no fim de expediente. O editor enviará os pacotes de publicações, de acordo com o número de funcionários de cada seção, endereçando-os ao supervisor, chefe, feitor (o encarregado). É preferível este sistema a outros, que consistem na colocação dos pacotes junto aos relógios de ponto ou portões de saída: pode ocorrer que, na utilização destes métodos, um funcionário recolha mais de um exemplar. Uma operária mostrou as conseqüências negativas deste sistema, ao dizer a Ecléa Bosi: "Não pude ler esta semana porque acabou muito depressa e não sobrou para mim" (19).

Se a empresa tiver mensageiros, as publicações para as chefias e diretoria deverão ser entregues através do correio interno. O reduzido número de pessoas que ocupam posição de destaque, em relação ao grande número de trabalhadores, compensa a utilização deste meio.

Além do público interno, a publicação deverá chegar às mãos de um pequeno "universo" de entidades e pessoas do ambiente externo. A seleção deste universo implica um levantamento prévio de entidades, instituições, autoridades, imprensa e outras pessoas que mantenham ligação com a empresa. Para este grupo, o esquema mais viável é a distribuição pelos correios gerais, embora o editor possa escolher determinadas pessoas, leitores habituais, para receber a publicação por intermédio dos mensageiros da empresa. Por essa razão, ao índice quantitativo da comunidade, devem ser acrescidos mais 10% sobre as tiragens. Somos favoráveis ao princípio de que a publicação interna forma opinião na comunidade externa.

15. VERBA

Finalmente, há o problema das verbas. É inútil programar ui jornal mensal de 12 páginas se a verba destinada pela direção e suficiente apenas para um jornal de oito páginas ou para um boletim. Os custos globais da publicação são calculados a partir da periodicidade, passando pelo tipo de papel, impressão, tiragem, contratação de serviços externos, fotografias (clicheria, fotolitia), até chegar aos serviços de endereçamento. O editor faz o levantamento global e apresenta os custos da publicação para o período de um ano, prevendo, inclusive, o reajustamento dos preços gráficos, que acontece, geralmente, no segundo semestre. A programação de custos, baseada em trimestres ou semestres, é arriscada, sendo freqüentes, nesses casos, pedidos de verbas suplementares para cobrir os custos dos meses seguintes. A programação global de custos deve acompanhar o ano fiscal da empresa. Aprovada pela diretoria, o editor pode desempenhar um trabalho tranqüilo, durante todo o ano.

16. REFERÊNCIAS

1. De acordo com Drucker, há um credo geral que insiste em dizer que na pequena empresa "não há problemas de organização ou comunicação. Isto é um mito. É na pequena empresa que identificamos os piores problemas de organização. A grande empresa apresenta vantagens definidas, podendo realizar mais facilmente um trabalho metódico de formação. (...) A dimensão, o tamanho não medem a natureza nem os princípios da administração de empresas". (Cf. Drucker, Peter F., *Prática de Administração de Empresa,* V. 2, Ed. Fundo de Cultura, Rio de Janeiro, 1964, p. 60.)

2. A estrutura formal da empresa compreende os seguintes tipos: a) *estrutura linear* — quando cada executivo tem completa autoridade sobre todos os seus subordinados. A estrutura é sujeita apenas ao comando do seu superior imediato; b) *funcional* — quando tem por objetivo

suprir os especialistas que faltam na linha. Cada especialista tem autoridade sobre sua especialidade; c) *de linha e assessoria* — quando proporciona prestação de contas na linha e serviço especializado, através de assessoria. A assessoria estipula serviços que a linha pode aceitar ou rejeitar. (Cf. Jucius, Michael J. e Schlender, William E., *Introdução à Administração*, 2.ª ed., Ed. Atlas, São Paulo, pp. 85-86-87.)

3. De acordo com Weiss, a partir de uma população entre 500 e 1.000 pessoas, a empresa já deveria possuir uma publicação interna. (Cf. Weiss, op. cit., p. 35.)

4. Decreto-lei n.º 972, de 17-10-1969, baixado pelos Ministros da Marinha de Guerra, do Exército e da Aeronáutica Militar, "usando das atribuições que lhes confere o artigo 1.º do Ato Institucional n.º 12, de 31 de agosto de 1969, combinado com o parágrafo 1.º do artigo 2.º do Ato Institucional n.º 5, de 13 de dezembro de 1968". Ver *Boletim do Departamento de Jornalismo e Editoração* da Escola de Comunicações e Artes da Universidade de São Paulo, Ano II, n.º 6, p. 31. Posteriormente, este decreto-lei sofreu algumas modificações.

5. *Rel. Púb. para Ger.*, p. 123.

6. *Rel. Púb.*, p. 592.

7. A Rhodia tem uma Gerência de Comunicações que centraliza toda a política de comunicação da empresa. As comunicações internas e também as Relações Públicas estão enquadradas dentro da Gerência. A Corporação Bonfiglioli tinha uma Diretoria de Comunicação que abrangia todas as atividades clássicas de comunicação, tais como Imprensa, Relações Públicas Empresariais, Relações Públicas Governamentais, Marketing Cultural, Editoração, Publicidade e Propaganda e um Núcleo de Informação e Pesquisa para atendimento às necessidades de informação dos executivos do Grupo.

8. Bryce fez esta afirmação ao responder a uma pergunta que ele mesmo formulou: "Como se podem verificar as tendências da opinião pública?" Segundo Harwood L. Childs, muitos anos depois os inquéritos científicos chegavam às mesmas conclusões de Bryce. (Cf. Childs, op. cit., pp. 62-63).

9. As matérias de interesse feminino têm um público muito fiel. Numa pesquisa que realizou junto a operárias, Ecléa Bosi verificou que o horóscopo está em primeiro lugar entre os interesses imediatos e em segundo lugar entre os assuntos preferidos. As entrevistas realizadas apresentaram também um alto índice de atenção aos conselhos sobre beleza e saúde, bem como sobre prendas domésticas. Cf. Bosi, *Cultura de Massa e Cultura Popular* (Leituras de Operárias), pp. 117-119 É preciso observar que a pesquisa de Ecléa foi feita junto a operárias. Mas, em muitas empresas, o público feminino é constituído de pessoas que trabalham na esfera da administração, portanto com um nível cultural mais alto. Daí aparecerem nas colunas femininas das publicações matérias que nem sempre giram em torno de conselhos úteis ou de beleza.

10. O *lead*-condensado é aquele que responde, num só parágrafo, às perguntas da tradicional fórmula de Kipling: quem, que, quando, como, onde e por que. É também chamado por alguns autores de *lead-direto*. Cf. Hohenberg, John., *Manual de Jornalismo*, trad. de Ruy Jungman, Editora de Cultura, Rio de Janeiro, p. 221.

11. Op. cit., p. 136.

12. As fontes diretas são as pessoas envolvidas nos acontecimentos, como autores, vítimas, beneficiários ou testemunhas. São os participantes diretos. Incluem também os comunicados e notas oficiais. As fontes indiretas são outras pessoas que podem dar informações sobre os acontecimentos, embora não tenham tido participação imediata neles. Incluem também alguns documentos relacionados indiretamente aos assuntos. As fontes adicionais são pessoas ou documentos que fornecem informações complementares para enriquecimento dos fatos pesquisados (livros de referência, enciclopédias, atas, relatórios, etc.).

13. Por *chamada,* entende-se o texto-resumo das matérias, apresentado na primeira página da publicação.

14. Schramm, Wilbur. "O Impacto da Comunicação de Massa", in *Responsabilidade na Comunicação de Massa.* Rivers, William L. e Schramm, Wilbur. Trad. de Muniz Sodré e Roberto Lent, Bloch Editores S.A., Rio de Janeiro, 1970, p. 32.

15. Hohenberg associa a palavra *legibilidade* à facilidade de leitura do texto. Cf Hohenberg, *Manual de Jornalismo,* p. 209; Vicente Robayo já emprega o termo *leiturabilidade.* Para ele, a *leiturabilidade* é um sistema que permite medir parcialmente o efeito do estilo, embora seja interpretado de diferentes maneiras pelos autores. Diz ele: "O termo *leiturabilidade* está relacionado aos seguintes significados: a) para indicar legibilidade de manuscritos e impressos; b) para indicar a facilidade de leitura, devido ao interesse ou ao prazer da leitura em si mesma; c) para indicar facilidade de compreensão devido ao estilo do texto." Cf. Robayo, Vicente Alba, "El Concepto de Lecturabilidad", separata da *Revista ICA,* V. III, n.º 3, setembro de 1968, p. 195.

16. Rudolf Flesch desenvolveu trabalho na *New York University;* Dale-Chall no *Bureau of Educational Research of Ohio State University;* e Robert Gunning no *Readable News Reporting, Columbus, Ohio.* Segundo Flesch, quanto maior o comprimento das palavras, menos compreensível o texto. Uma palavra com mais de quatro sílabas, por exemplo, já teria um índice muito difícil de leitura; quanto mais longa a frase, mais difícil a leitura. Um período de 16 a 19 palavras é, segundo Flesch, o melhor para facilitar a leitura. Gunning diz que o texto começa a tornar-se difícil a partir de 20 palavras. E quanto maior a percentagem de palavras inseridas no que ele chama de *fog-index* (índice de obscuridade), tanto maior sua clareza. Dale-Chall diz que quanto maior a percentagem de palavras familiares num texto, tanto maior sua *legibilidade.* Ou quanto menor o comprimento médio da frase, tanto mais inteligível o texto. Cf. Hohenberg, pp. 108-111. Como se vê, as conclusões dos três são praticamente as mesmas.

17. Ao dizer que os meios de comunicação devem dirigir-se a algum denominador comum, Peterson explica: "Os redatores do passado costumavam pedir aos repórteres novatos que escrevessem para o 'cara que move os lábios quando lê', e que era o mais baixo denominador comum do público do jornal. Se ele pudesse entender as reportagens, o mais educado também poderia. De acordo com estudos estatísticos, três quartos da população americana — pessoas com educação média — supostamente compreendem o que se escreve no nível das revistas *slick paper* (tipo Cláudia). Naturalmente o mais baixo denominador comum julgado necessário para atrair um enorme número de pessoas bem pode estar abaixo do nível médio de educação do público. E porque os meios se dirigem a um leitor, a um ouvinte e a um espectador hipotético, eles perdem aquele caráter de intimidade das comunicações ende-

reçadas a um só indivíduo". Cf. *Os Meios de Com. e a Soc. Mod.*, p. 20.

18. Segundo Schramm, quando um texto apresenta dificuldades de leitura, a melhor maneira de contorná-las é cair na repetição e nos exemplos. (Cf. *Respons. na Com. de Massa*, p. 33). Carrol, reforçando a opinião, diz que "quanto mais redundância em uma mensagem, tanto maior probabilidade ela terá de ser compreendida apesar do barulho, distorção eletrônica do sinal, baixo volume ou pouca inteligibilidade de quem fala". (Cf. *Psicol. da Ling.*, p. 95). Nas publicações empresariais, os textos técnicos são mais inteligíveis quando dosados com exemplos e até repetições. A redundância nos textos das publicações é mais fácil de ser conseguida com o enfoque pessoal do editor ou redator.

19. *Cultura de Massa e Cultura Popular*, p. 136.

SEGUNDA PARTE

ROTEIRO ÚTIL PARA O EDITOR

DO PLANEJAMENTO AO CONTROLE DE QUALIDADE

CAPÍTULO I

PLANEJAMENTO

1. PLANEJAMENTO: A CHAVE DO SUCESSO

O planejamento de jornais e revistas de empresa não deve ser entendido apenas como a atividade de programar a edição periódica de publicações. Planejamento em jornalismo empresarial significa, sobretudo, o encaixe e o ajuste dos projetos jornalísticos no contexto das políticas da empresa: relações públicas, relações industriais, treinamento, segurança, benefícios, relações humanas, etc.

Planejar significa identificar políticas, selecionar prioridades, corrigir desvios nos fluxos de comunicação empresarial. E também adequar as publicações às situações conhecidas.

A atividade do planejamento empresarial de jornais e revistas deve integrar a política global de comunicação da empresa, exigindo, portanto, a programação de todos os fatores componentes de um projeto: estabelecimento de objetivos, verbas, prazos e cronogramas, natureza técnica do projeto, definição de estruturas de comando e ação participativa em sua realização, estabelecimento de etapas de acordo com a escala de prioridades (objetivos), etc.

O planejamento levará em consideração o perfil de empresa em todos os planos subjetivos que a caracterizam: ambiente, público, estruturas de comando, linhas de produção, diferenças sócio-culturais, locomoção e comportamento dos grupos no ambiente, além das inter-relações existentes entre estas variantes do sistema empresarial.

2. OBJETIVOS

"La muerte de una publicación de empresa es una pérdida tan grave para las comunicaciones humanas como la de un periódico. Se espera de ella que pague su vida no con dólares materiales, sino de maneras menos tangibles que pueden ser más vitales que los dólares. Los directores de negocios consideran con demasiada frecuencia que la publicación es una especie de actividad ajena al trabajo... Esto es una lástima" (James McCloskey, em *Periodismo Industrial*).

Não se deve atribuir ao jornal ou revista de empresa a missão de "milagreiro". Não são poucos os casos em que o fator determinante do lançamento de uma publicação é apenas uma vaga esperança de que ela, sozinha, possa estabelecer uma atmosfera de solidariedade, à base do "somos todos irmãos". A publicação não deve ser encarada como instrumento isolado nem como possuidora de poderes mágicos. A sua eficiência só pode ser garantida quando se traçam objetivos claros e perfeitamente atingíveis, do ponto de vista da estratégia de comunicação.

O primeiro passo no planejamento consiste em estabelecermos o rol de objetivos. Perguntas: qual o objetivo da publicação? quais os efeitos desejados? quem deve e/ou pode participar da publicação? quais as diversas etapas que o jornal ou revista deverão percorrer? como o público poderá receber e/ou aceitar estes objetivos? quais os meios e mecanismos disponíveis para medir o interesse do público?

Definir as áreas e os planos a serem cobertos pelas publicações empresariais é o ponto de partida para a delimitação de objetivos. Definir as responsabilidades sobre a publicação é também uma exigência do planejamento. Mas devemos ter sempre em mente que a colocação da publicação sob um determinado comando da empresa (setor ou departamento) não significa a cobertura exclusiva daquele comando, isto é, o jornal ou revista podem ser comandados por um setor x e atender perfeitamente outros setores da empresa.

O erro de muitas publicações está no enfoque exagerado que as publicações apresentam sobre determinados setores, em detrimento de outros, que ficam esquecidos.

3. PLANEJAMENTO DE CRIAÇÃO OU REESTRUTURAÇÃO

Definidos os objetivos (ver item anterior), parte-se para a definição das características técnicas, oportunidade em que se procura conjugar os aspectos técnicos com os objetivos das publicações. Eis alguns itens que devem merecer atenção:

— Nome da publicação

— Endereço para correspondência

— Periodicidade

— Gênero (jornal, revista, boletim)

- Data de distribuição (circulação)
- Momento de distribuição (turnos — tarde, noite)
- Número de páginas (tamanho)
- Formato (altura x largura em cm)
- Tipo de impressão
- Tipo de papel
- Cores
- Tiragem
- Superfície impressa de uma página
- Arquivo para pesquisa de temas frios
- Registro da publicação em cartório
- Gráfica — Pesquisa de qualidade e custos
- Verba.

a) *Definição de públicos*

O jornalismo empresarial está a serviço da organização a fim de possibilitar a sua comunicação com o ambiente onde atua, o mercado onde deverá competir e o próprio ambiente interno que congrega sua estrutura. Isto é, os jornais e revistas são instrumentos de comunicação com o sistema ambiental (padrões sociais, econômicos, políticos), o sistema competitivo (estrutura industrial) e o sistema organizacional (estrutura interna).

Cada estrutura comporta um tipo de público. A definição e a perfilização destes públicos tornam-se necessárias para a eficácia do projeto. Público interno: empregados; externo: acionistas, revendedores, concessionários, consumidores.

A pesquisa de motivações e interesses, aliada ao conhecimento do tipo de público (nível sócio-cultural-econômico), é importante para a definição da linha editorial.

b) *Tipos de publicação*

Como resultante da definição anterior, partimos para a definição do gênero: jornal, revista ou boletim. Características técnicas de cada publicação:

Jornal — Veículo que deve situar-se entre a revista e o boletim. Os fatos precisam ser tratados de modo a não perder a atualidade. Presta-se ao jornalismo informativo, interpretativo e opinativo.

Revista — Conteúdo essencialmente interpretativo pela sua periodicidade mais espaçada. Conteúdo de interesse permanente. Esquema de difusão mais demorado. Veículo mais aberto graficamente, maior número de páginas, melhor tratamento artístico.

Boletim — Veículo rápido, adequado para as mensagens informativas. Publicação que apresenta menor variedade temática. Esquema rápido de difusão, intervalos menos espaçados entre as edições.

c) *Esquematização morfológica*

Distribuição proporcional da massa gráfica: texto, ilustrações e espaço em branco. Essa distribuição há de obedecer às características técnicas do tipo de publicação escolhida (jornal, revista, boletim). Índices mais comuns: 60 a 70% — texto; 30 a 40% — ilustrações.

A distribuição completa-se com a esquematização das matérias por página. A definição de matérias por página possibilita uma organização racional do conteúdo, atendendo às exigências de distribuição lógica dos temas, dentro de uma técnica de pólos motivadores de leitura ao correr de toda a publicação.

d) *Esquematização de gêneros*

A proporção entre os gêneros é estabelecida de acordo com a natureza do veículo, de forma a imprimir ao texto dinamismo estilístico e variedade na apresentação.

Jornalismo informativo — O âmbito envolve todas as matérias de registro e de cunho essencialmente informativo, de interesse mais imediato e passageiro.

Jornalismo interpretativo — Para matérias contextuadas, mais explicativas, abertas, detalhadas, dissecadas. Com vários enfoques: entrevistas, observações de campo, análises e até comentários de ordem interpretativa. Própria para abrigar assuntos departamentais, perfis, histórias de interesse humano.

Jornalismo opinativo — Gênero adequado para matérias que apresentem juízo de valor. Textos assinados, com defesas de ponto de vista. Ou mensagens e editoriais de cunho orientador e persuasivo.

e) *Planejamento temático*

Na escolha do conteúdo, é preciso atentar para dois tipos gerais de matérias: 1) informações sobre a empresa; 2) informações sobre os empregados. Princípio orientador: as matérias sobre a companhia devem interessar aos empregados e as matérias sobre os empregados devem interessar à companhia.

O conhecimento do público é fundamental para o planejamento temático da publicação. É necessário vincular ao projeto temático o ideário de objetivos.

Um princípio jornalístico aplicável à programação editorial é o da *universalidade*. Isto é, quanto mais universal for um jornal de empresa (ou revista), maior o seu índice de leiturabilidade. Por universalidade, devemos entender também a variedade temática de uma edição — mensagens que apresentam conteúdos diferentes uns dos outros. A recíproca é verdadeira: temática única limita o poder de penetração.

Eis alguns tipos de matérias que podem enriquecer uma publicação:

— matérias institucionais
— matérias associativas
— matérias ilustrativas
— matérias de educação
— matérias de orientação
— matérias operacionais
— matérias de lazer
— matérias de interesse exclusivo feminino
— matérias para a família do funcionário

f) *Estabelecimento de pólos informativos*

É importante que o editor estabeleça uma estrutura de captação de informações dentro da organização (ou fora, de acordo com a publicação), de modo a escolher os pontos principais e secundários, matrizes e fontes de informação.

Essa estrutura deve levar em conta a criação de pólos informativos dentro da organização (no caso de publicações internas), com a participação dos empregados. O melhor processo para remover a natural desconfiança do pessoal em relação a qualquer projeto emanado da direção é, como diz Paul Smith ("Relações Públicas na Empresa Moderna"), envolver os empregados no planejamento e na produção da publicação.

O esquema de pólos informativos é uma espécie de apoio logístico ao editor; permitirá melhor seleção das informações. A obrigação dos correspondentes: responsabilidade perante a publicação e o público, sugestões, envio de matérias e/ou dicas.

g) *Padrões de linguagem*

A multiplicidade e a heterogeneidade de públicos exigem o estabelecimento de certos padrões lingüísticos e a padronização de normas de redação.

A seleção de denominadores comuns é o ponto de partida para a formulação estilística. Essa seleção deve observar os seguintes elementos da narrativa: harmonia, correção, concisão, precisão (relação expressão/pensamento), fluência ideativa e domínio de vocabulário.

Para maior eficácia do texto, devemos atentar para aquilo que Wilbur Schramm chamou de *fração de seleção*: a probabilidade de seleção de um texto é a medida entre a espera de recompensa do leitor em relação ao texto e o esforço provável exigido para a sua compreensão. Isto é, a probabilidade aumenta quando a gratificação é maior e o esforço menor.

h) *Cronograma de execução*

A observância rígida de prazos é fator importante para a legibilidade e a eficácia dos jornais e revistas de empresa. A irregularidade amortece o interesse pela leitura. Jornal de empresa eficiente é aquele que é esperado. Daí a necessidade de se elaborar um cronograma de execução para a publicação.

Observe-se o seguinte roteiro: a partir da data da distribuição, contam-se os dias em sentido retrocedente, especificando-se as datas para as etapas — reunião de pauta, coleta do material, redação e copidescagem, aprovação dos textos, diagramação, composição, revisão de prova gráfica, montagem, aprovação do boneco, impressão final e distribuição.

i) *Distribuição*

No planejamento da distribuição, entram os seguintes fatores: tempo (hora e dias), local, esquemas. O circuito de distribuição deve completar-se no espaço de três a quatro dias, para os casos de empresas complexas, com unidades geograficamente dispersas.

4. PLANEJAMENTO DE CADA EDIÇÃO

A concretização do planejamento global, etapa importante para o acionamento de todo o processo, abrange:

Reuniões de Pauta — Com a participação de elementos envolvidos no projeto, os quais deverão trazer para a reunião subsídios para a elaboração da pauta (roteiro dos temas a serem desenvolvidos para a edição). Esta reunião começará com a crítica da edição anterior, acarretando o levantamento de problemas, erros e falhas e a indicação de soluções. Quando a estrutura de captação envolver correspondentes (caso seja possível e viável), será interessante a sua participação nas reuniões. Eles deverão trazer sugestões de suas áreas de atuação, principalmente assuntos a serem coletados no seio da coletividade.

Acionamento dos pólos informativos — No cronograma, estará prevista a data final para a coleta do material. Quando os correspondentes não participarem da reunião, o editor tomará providências no sentido de acioná-los, enviando uma pauta detalhada a ser pesquisada e coberta, com os prazos de fechamento.

À falta de correspondentes, o editor terá de esforçar-se para fechar em dia a sua coleta. Deverá, para isso, ter em mãos temas sobressalentes, para utilização a qualquer momento. Assim, evitará "furos" no seu esquema. Aconselha-se evitar o excesso de matérias frias entre as matérias sobressalentes (é um recurso cômodo dos editores quando não dispõem de matérias). Entrevistas quentes, reportagens setoriais devem ser programadas para substituir temas que criem problemas.

5. PLANEJAMENTO DE RENOVAÇÃO/EVOLUÇÃO

A publicação acomodada está condenada ao desaparecimento. É importante que o leitor sinta na publicação um esforço pelo aprimoramento editorial e/ou da linha gráfica. Essa renovação deve ocorrer quando o bom senso do editor ou de conselheiros recomendar ou quando pesquisas indicarem tal necessidade.

Na renovação, alguns fatores devem ser analisados: a evolução e/ou expansão da empresa, o comportamento do público em relação ao jornal ou revista, os prazos em que determinadas colunas permanecem nas publicações, as angulações essencialmente descendentes (matérias com enfoques especificamente empresariais), a dinamização da parte noticiosa com enriquecimento estilístico e artístico na apresentação de determinadas páginas de registro informativo, etc.

Alguns cuidados devem ser tomados, principalmente quanto a mudanças em logotipos, formatos, tamanhos (número de páginas), tipos de papel e impressão.

Se houver reformulação de objetivos das publicações ou mudanças de comando na estrutura do projeto, será preciso reestudar os padrões gráficos, com a necessidade de elaboração de bonecos e de revisão de toda a programação editorial.

6. PLANEJAMENTO EDITORIAL: IDÉIAS SOBRE TIPOS DE MATÉRIAS

Um princípio jornalístico que se aplica à programação editorial de uma publicação empresarial — como já vimos — é o da *universalidade*. Isto é, quanto mais universal for um jornal de empresa, maior índice de leiturabilidade ele terá. Por *universalidade*, devemos entender a variedade temática de uma edição, isto é, as mensagens que apresentam conteúdos diferentes uns dos outros. A recíproca deste princípio também é verdadeira: quanto menos variado tematicamente for um jornal, menos probabilidades ele terá de ser bem sucedido, pois estreitará os pólos motivadores de leitura. Dentro deste princípio, podemos apontar um roteiro clássico, de efeitos positivos comprovados, de tipos de matérias suscetíveis de enriquecer um jornal de empresa.

São eles:

— Matérias Institucionais

— Matérias Associativas

— Matérias Ilustrativas

— Matérias de Educação

— Matérias de Lazer

O detalhamento de cada tipo de matéria abrange as seguintes categorias de informação:

Matérias Institucionais — Editorial e noticiário de rotina da empresa (cursos, palestras, visitas, reuniões, viagens, informações normativas e funcionais, matérias de operação de fábrica, reportagens sobre departamentos e seções da área administrativa, entrevistas com chefes, gerentes, supervisores sobre métodos e processos, etc.).

Matérias Associativas — Esportes, festas, atividades clubísticas, noticiário da vida social, promoções, concursos, entrevistas de cunho humano com funcionários, mostrando suas aptidões e habilidades dentro da empresa, etc.

Matérias Ilustrativas — Pretendem ilustrar o leitor, apresentando informações que nem sempre estão ligadas à empresa. Incluem reportagens e pesquisas sobre cidades, recantos, paisagens, problemas do mundo moderno (juventude, educação, trânsito, poluição, máquina *versus* homem, crescimento urbano, etc.), artes e literatura, progresso, avanço tecnológico e científico, descobertas, etc.

Matérias de Educação — Visam concretamente à orientação do empregado, influindo em suas decisões de comportamento profissional. Abrangem matérias sobre educação, segurança, higiene, saúde, conselhos profissionais, orientação doméstica, moda, culinária, conselhos de beleza, educação familiar, etc.

Matérias de Lazer — Objetivo imediato: divertir, entreter, satisfazer as necessidades psicofísicas do leitor. Enquadram-se nesta classificação os passatempos, as palavras cruzadas, os jogos de xadrez, as histórias em quadrinhos, as curiosidade, piadas, *charges,* os testes e jogos culturais, os quebra-cabeças, etc.

Dentro deste roteiro, é possível escolher, de acordo com as prioridades, os tipos de matérias que representem cada faixa, de modo a melhor atender ao princípio da *universalidade.* É evidente que a *universalidade* de um jornal de empresa depende diretamente do número de páginas de uma edição. Número de páginas restrito, menor universalidade; maior número de páginas, maior universalidade.

CAPÍTULO II

SISTEMAS DE CAPTAÇÃO

1. TIPOS DE CAPTAÇÃO

São os seguintes os principais tipos de captação de informação:

Pesquisa documental

A pesquisa documental serve para introduzir o redator ao universo da matéria, além de fornecer-lhe subsídios para a elaboração do texto. Consiste na procura de dados a respeito do assunto tratado em documentos, livros, textos já produzidos. Talvez nenhum desses dados venha a ser utilizado na matéria, mas pelo menos eles farão com que o redator conheça melhor o assunto, capacitando-o a um melhor desempenho quando da confecção do texto. Na maioria das vezes, contudo, muitos dos elementos escolhidos na pesquisa documental acabam por ser aproveitados.

Pesquisa de campo

— Observação direta: é o produto do contato do repórter com o ambiente em que se desenrola a reportagem. Devem ser anotados todos os elementos obtidos pelo repórter através da aplicação de seus sentidos: tudo o que tiver visto, ouvido, cheirado, sentido, de maneira a colocar o leitor numa situação como se ele estivesse presente à cena. Nem todas as sensações serão utilizadas, mas apenas as que tiverem relevância para o assunto tratado. Apesar disso, o repórter deve anotar o maior número possível de sensações, para que delas possa dispor em caso de necessidade, quando estiver redigindo o texto.

— Entrevista: nem todas as informações necessárias a uma reportagem são obtidas apenas através de pesquisa documental e

109

da observação direta. É necessário, muitas vezes, recorrer a outras pessoas, a fim de se obter as informações desejadas. Daí a importância das entrevistas. Um sem-número de "truques" para conseguir uma boa entrevista são conhecidos dos profissionais da imprensa, a maioria produto da experiência. Mas provavelmente o mais importante é o de colocar o entrevistado à vontade, de modo que ele possa fornecer o maior número possível de informações. Durante a entrevista, o repórter também deve colher dados através da observação direta que, no caso, incluem até mesmo observações psicológicas a respeito do entrevistado.

— Levantamento: é o processo pelo qual se pode enriquecer a matéria através de um simples esforço estatístico. Com base em dados obtidos por meio de qualquer dos demais sistemas de captação, o redator pode tornar o texto mais atraente. Por exemplo, apurando que determinada indústria produz 250 carros por dia, o redator pode calcular quantos carros produzirá num mês, ou quanto produziu no ano anterior, e assim por diante. Ou dispondo de dados documentais a respeito de cada funcionário da indústria, o redator pode fazer um levantamento para traçar o perfil do "funcionário médio", ou seja: qual a idade média dos funcionários da empresa, quantos filhos eles têm, em média, há quantos anos trabalham em média na empresa, qual o seu nível médio de instrução, e assim por diante.

— Pesquisas: em qualquer matéria, o repórter ou redator pode enriquecer o texto com pesquisas, que podem ser extensas e formais, ou pequenas e informais. Uma reportagem sobre um novo serviço de assistência a ser implantado na empresa, por exemplo, pode incluir uma pesquisa. Ela poderá abranger uma amostragem escolhida segundo critérios científicos, com questionários elaborados também sob as normas rigorosas da pesquisa de opinião. Mas também poderá ser uma pesquisa informal entre alguns funcionários, apenas para que se tenha idéia da receptividade do novo plano junto a eles.

— Questionário: muitas vezes a entrevista pode ser inviável por qualquer motivo. Nestes casos, usa-se o sistema de envio de questionários por escrito às pessoas que deveriam ser entrevistadas. As possibilidades de obter informações tão boas como se tivesse havido uma entrevista são bem menores. Mas sempre é possível aumentá-las, através da apresentação de perguntas formuladas de forma clara, direta e abrangendo a maior gama possível de alternativas para o respondedor.

2. SELEÇÃO DE INFORMAÇÕES

Evidentemente, nem toda a informação obtida será utilizada, especialmente porque sempre existem limitações de espaço. É, portanto, preciso selecionar a informação.

— Análise: o primeiro passo é a análise de todo o material, a partir de critérios como os seguintes: legal (o que legalmente pode ou não ser publicado), oportunidade (há informações cuja divulgação nem sempre será oportuna), interesse coletivo (fatos chocantes para a comunidade devem ser eliminados), interesse privado (fatos que possam prejudicar particularmente algumas pessoas, sem contribuir de maneira significativa para o bem comum, devem ser evitados), relevância (o supérfluo deve ser eliminado).

— Síntese: depois dessa primeira "peneirada", o jornalista deve exercer uma de suas maiores qualidades: o poder de síntese, tentando deixar apenas o essencial, concentrado no número de palavras que o espaço disponível lhe permitir. É preciso que o jornalista aprenda a escrever dentro do espaço delimitado pelo planejamento.

CAPÍTULO III

TÉCNICAS

1. REPORTAGEM

Reportagem é o relato objetivo e imparcial de um acontecimento ou situação. Do ponto de vista técnico, diferencia-se da notícia: esta apóia-se quase exclusivamente em *fatos nucleares*, isto é, em pontos principais; a reportagem extrapola a notícia, amplia a informação, detalha o acontecimento e acrescenta ao corpo da matéria um contexto explicativo.

Enquanto a notícia *acontece* (isto é, vem ao repórter), a reportagem terá de ser produzida, pesquisada. Ela é produto da observação do repórter, de sua capacidade de análise de um fenômeno, de seu trabalho de pesquisa documental e de campo (entrevistas diretas). O propósito primordial de uma reportagem é o de relatar, de maneira explicativa, um acontecimento ou uma situação. A notícia, por sua vez, conforma-se com o *factual*, os *quês* principais de um fato.

O jornalismo empresarial deve, prioritariamente, adotar uma postura interpretativa, razão por que nele a reportagem assume posição mais importante que a notícia. Pela sua periodicidade maior, o conteúdo do jornalismo empresarial exige uma angulação mais duradoura e permanente. Os leitores necessitam de textos que, além de explicar a situação e/ou fato, possam ser lidos muito depois de publicados, sem ficarem superados.

A reportagem é mais atemporal do que a notícia. Dura mais, permanece na mente do leitor. Ela é o centro de um jornal ou revista de empresa, dando-lhes significação mais profunda, maior verticalidade nas abordagens, mais detalhamento. A reportagem é o tipo de matéria mais conveniente aos interesses da empresa e dos leitores.

O caráter atemporal da reportagem, bem como sua natureza mais interpretativa, não anula a necessidade de notícias, editoriais, colunas fixas, artigos, crônicas, etc. O que se quer dizer é que a

113

reportagem deveria ganhar reforço no jornalismo empresial, a fim de evitar a sua frieza.

O trinômio responsável por uma boa reportagem é composto por: a) um bom assunto; b) uma boa pauta; c) um bom repórter.

Um bom assunto — Pode ser vinculado ou não à empresa. As reportagens sobre temas da empresa abrangem os setores, departamentos, serviços, pessoas, grupos e associações. De outro lado, estão as matérias não vinculadas à empresa e que oferecem condições para boas análises. Qualquer área (olimpianos,* ciência, cultura, esportes, tecnologia, cidades, etc.) pode gerar um bom tema.

Uma boa pauta — A pauta é o roteiro para captação do material. Deve apresentar o máximo de situações e angulações, com a finalidade de oferecer ao repórter opções de abordagens e levantamentos. A pauta orienta o repórter, dá sugestões e ajuda-o na estruturação da matéria. Quanto mais aberta, melhor; as pautas numeradas ou com itens podem limitar a criatividade do repórter. Uma pauta aberta significa descrição de situações e abordagens, mistura de perguntas com sugestões para captação.

Um bom repórter — Capacidade de observação e síntese; domínio de conteúdo e de vocabulário; sensibilidade; fluência ideativa e boa codificação; domínio da gramática; capacidade para perceber o que é socialmente significativo, o que interessa e/ou não interessa; deve conduzir a entrevista e não ser conduzido; humildade para escrever para seu público e não para si; humildade para perguntar novamente, quando não entendeu muito bem determinada resposta; saber receber a crítica e reconhecer o erro. O repórter de empresa deve ter atitude tão profissional como o repórter do dia-a-dia e encarar cada assunto dentro desta postura.

2. TÉCNICAS DE REDAÇÃO

As técnicas de redação do jornalismo empresarial são as mesmas do jornalismo diário e do jornalismo especializado. Assim, do ponto de vista estritamente técnico, deve o jornalismo empresarial receber as mesmas preocupações, enfoques e angulações do jornalismo diário.

Apesar disto, podemos perceber alguma diferença quanto à angulação, pois o jornalismo empresarial dá maior ênfase ao aspecto

---

(*) Na designação de Edgard Morin *in Cultura de Massa no Século XX,* trad. Maura Ribeiro Sardinha, Comp. Editora Forense, os olimpianos constituem a plêiade que habita o Olimpo da Cultura de Massa. São aquelas figuras que, por sua importância, estão nas páginas dos jornais e revistas, como os políticos, presidentes, atores e atrizes. Glamorizados pela cultura dos meios de comunicação, assumem posição privilegiada.

coloquial, a narrativas mais abertas, e, neste ponto se aproxima do texto de revista, mais suave, permanente, pitoresco, coloquial, explicativo, ambientado.

É claro que cada matéria exige técnica própria: a notícia, circunscrita a uma estrutura mais fechada, tem preocupações com objetividade e concisão; a reportagem, dependendo de sua natureza (perfil, grande reportagem, depoimento simples, histórias de interesse humano), exige maior criatividade estilística, jogo de tempos e espaços, descrição de cores, ação, dinamismo; o editorial, do jornalismo opinativo, apóia-se numa estrutura mais formal, com o pensamento fluindo de maneira didática, bem ordenada, com a finalidade de persuadir o leitor.

A questão da técnica de redação, embora aparentemente não se perceba, está bastante ligada aos objetivos de cada matéria. Escolher a técnica adequada é delimitar, sob certo aspecto, o objetivo da matéria: informar pura e simplesmente, explicar com detalhes, mostrar o lado pitoresco e o ambiente em que se movem personagens, seu comportamento gestual e psicológico, narrar toda a história de um acontecimento, desde suas raízes, comparar depoimentos, etc.

O que torna um texto amadorístico é, muitas vezes, a falta de unidade e harmonia estilística. Por exemplo: usar dados de ambientação (gestos da pessoa ao falar), numa matéria onde o *foco principal*, o objetivo primordial, seja a informação precisa, o *quê* (a acontecer ou já ocorrido). É importante definir os elementos que comporão a matéria, antes mesmo de sua redação propriamente dita.

Estruturação

Quando se fala em técnica de redação, deve-se associar o termo à ordenação das idéias de uma matéria, ou melhor, à sua estruturação temporal e espacial.

Dentro desta colocação, podemos apontar os quatro tipos de estrutura mais comuns no jornalismo e que traduzem a ordenação de idéias do ponto de vista da cronologia de acontecimentos.

Pirâmide normal — Relato do acontecimento de acordo com a ordem cronológica crescente, isto é, do fato menos importante para o fato mais importante. A matéria é ordenada num *crescendo,* à maneira dos romances de ficção policial, por exemplo. No início, aparecem detalhes com personagens, no ponto inicial dos acontecimentos; o corpo traduz, de maneira explicativa, o desenrolar, até chegar ao final, com as conclusões. É importante lembrar que praticamente inexiste uma estrutura de redação fixa, isto é, uma pirâmide normal em seu estado puro. Mas é importante saber que existe este tipo de ordenação, pois ela pode ajudar a estruturação de idéias.

115

Esta categoria de estrutura é bastante usada nas histórias de interesse humano, nas matérias de perfil e que apresentam muito movimento. A narrativa é toda seqüencial, em estilo mais ou menos romanceado, embora o estilo moderno esteja evitando a seqüência cronológica em favor da chamada interpenetração de tempos e espaços ("Cem Anos de Solidão", de Gabriel García Márquez).

Pirâmide invertida — Estrutura que ordena as idéias de acordo com o sentido decrescente, isto é, dos fatos mais importantes, que encabeçam a matéria, no *lead*, para os fatos menos importantes, que estão no final. Esta técnica permite a redução do texto, quando preciso, pois, cortando-se do final para o começo, a matéria não perde o sentido. É a técnica destinada à veiculação de fatos rápidos, acontecimentos que precisam chegar rapidamente ao conhecimento do público. Pertence, pois, o jornalismo informativo e é a mais usada no dia-a-dia de jornais. Esta técnica sempre apresenta um *lead* com os fatos principais, de forma que o leitor, sem precisar chegar ao final, possa conhecer o âmbito da situação descrita.

Pirâmide mista — Estrutura que une as anteriores, caracterizando-se por uma abertura *lead* com os fatos principais e, logo em seguida, a entrada da matéria em ordem cronológica crescente. Geralmente, depois do grande *lead* de abertura, o texto começa a evoluir, com o primeiro intertítulo. Técnica muito usada na construção de matérias especiais, série de reportagens, que exigem uma apresentação resumida para o leitor (no *lead*) e um desenvolvimento detalhado, ponto por ponto.

Retângulos iguais — Como o próprio nome indica, esta técnica pede certa igualdade na estrutura de idéias de um texto. Cada parágrafo deve ter o mesmo peso e a mesma medida, como se não houvesse uma idéia maior que outra, um pólo informativo mais sugestivo que outro. As idéias devem fluir naturalmente, de maneira harmônica, sem *crescendos* e *decrescendos*. O editorial, como matéria de cunho persuasivo, é um encadeamento de idéias, numa estrutura de parágrafos que apresentam a mesma importância. Ou seja, é tão importante o fecho de um editorial, quanto a sua premissa, apresentada, no início.

Observações de caráter prático

Não se deve pensar na estrutura em seu estado puro. A técnica é importante na medida em que ajuda a ordenar as idéias de um contexto informativo. É bom saber que cada tipo de matéria exige uma ordenação própria. Se quisermos fazer segredo em torno de uma pessoa ou de uma idéia ou mesmo atrasar certos fatos interessantes, a melhor técnica é certamente a da pirâmide normal. Porque contar tudo, na primeira linha, pode tirar o impacto. Mas, há matérias que precisam, logo na abertura, dos *quês* principais, sob pena de desinteressarem aos leitores.

Uma boa maneira de aprender técnica jornalística é a leitura de matérias jornalísticas bem elaboradas (texto dinâmico da revista Veja, ordenamento cronológico de O Estadão, bossa e leveza de certas matérias do Jornal da Tarde, a simplicidade dos editoriais do Jornal do Brasil, o estilo do comentário de Alberto Dines, de Villas Boas Correia ou Carlos Chagas).

3. TÉCNICAS DE ANGULAÇÃO

Angular significa, sobretudo, selecionar, escolher um ângulo, uma abordagem, uma palavra, uma imagem, cores; angular é saber onde e como colocar determinado componente no texto, de maneira que a idéia apresentada seja a mais próxima daquilo que se pretendeu.

Tanto isto é verdade que, entre dois textos sobre um mesmo fato, certamente haverá um mais adequado e apropriado ao contexto que se pretendeu situar.

A angulação jornalística, para o jornalismo empresarial, deve levar em consideração todos os aspectos que dinamizam um texto, de modo a fazer com que um jornal ou uma revista de empresa se constituam em veículos dinâmicos e atraentes.

A natureza da atividade jornalística na empresa convida, às vezes, ao estilo cômodo e à repetição: matérias-perfis, reportagens sobre departamentos, unidades, serviços, são apresentadas de maneira maçante, sem dinamismo.

É comum verificarmos uma homogeneidade de angulações. A angulação mais dinâmica deve ser planejada, a partir da captação dos dados. Bastante conhecida é a técnica de coletar — sentir, viver, ver, ouvir — e, depois, contar. Há matérias empresariais (perfis, por exemplo) que sugerem ótimas angulações, principalmente quando o repórter se prepara para captar determinados ângulos (comportamento do retratado, suas maneiras, suas atitudes psicológicas). Sob este aspecto, angular bem significa a necessidade de o repórter saber preparar-se para sentir o ambiente, a fim de poder transmitir com alma e emoção e evitar a padronização, tão comum no jornalismo.

Recursos:

A) *Imagens, analogias, comparações* — São recursos para uma boa angulação. É preciso que o repórter exercite sua criatividade, sempre procurando ver algo *além* ou *extra* nas personagens ou nos fatos, sempre procurando tirar algumas inferências. Uma boa maneira de encontrarmos ângulos sugestivos está na tentativa de imaginarmos nosso personagem ou nosso fato, o objeto ou o processo em situações diferentes e/ou paralelas.

Exemplo: Atropelados em alta velocidade por quatro sucessivos aumentos no preço da gasolina — 100% em sete meses —, os proprietários de táxi dificilmente resistirão ao último deles, a partir do dia 1.º de dezembro.

Neste exemplo simples, o redator aliou a idéia de velocidade (carro) à rapidez do aumento dos preços.

Há muitos ângulos que podem enriquecer uma matéria. Trata-se do ângulo procurado na pesquisa documental, para oferecer ao texto uma dimensão histórica, seja através de paralelos históricos, seja através de antecedentes e/ou perspectivas (projeções no tempo e no espaço).

A limpeza do texto, com a retirada de dados supérfluos, pode reforçar certas partes da matéria. Nem tudo que é captado é importante. Muitas vezes o ângulo *porquê* é mais importante que o ângulo *quê* ou *como*. É preciso identificar os ângulos mais importantes e evitar os menos importantes.

B) *Tipificar situações e personagens* — Significa encontrar a angulação própria, característica: clima subjetivo de um ambiente (calor, agitação, movimento, silêncio, paz, calmaria), clima objetivo (massa do ambiente, luzes, cores, disposição de objetos e dimensões físicas); descrição comportamental (gestos, temperamento, personalidade, espírito de liderança), descrição física (fisionomia, traços característicos, roupas, andar, gestos). É preciso sentir o ambiente, dimensionar o cenário; sentir e interpretar personagens; discutir informalmente com as fontes, evitando a formalidade na entrevista.

C) *Descobrir a verdade maior ou o ângulo mais interessante* — Cada situação tem um *quê* mais típico, mais original e cada personagem tem sua verdade, geralmente encoberta pelas entrevistas rápidas. Daí a necessidade de o repórter procurar reformular seus métodos de entrevista quando perceber que não está captando aquilo que pretendia. Sugerimos uma *conversa em crescendo*. Tateando os pontos fracos e os pontos altos, o repórter pode descobrir o grande ângulo ou as coisas mais interessantes, em casos de perfis, por exemplo.

A angulação mais original, a que marque a verdade do entrevistado, é mais importante que a soma de dados gerais. Isto é, pregamos uma maior verticalização em detrimento da *estrutura mosaicada* (informações gerais sobre o entrevistado, apresentadas de maneira superficial). É preferível uma matéria com emoção, onde o entrevistado se apresente convenientemente retratado, do que um texto longo, com muitas informações sobre ele — informações sem muita importância, interesse, utilidade.

118

Angular também significa contrabalançar o texto indireto (interpretação de quem escreve) com o texto direto (declarações textuais). É comum transcrevermos uma declaração textual, do modo como ela é pronunciada pelo entrevistado. No entanto, é preciso selecionar, saber escolher aquilo que deve vir entre aspas, porque há muitas declarações textuais que servem apenas para a parte informativa da matéria. Por exemplo: os dados de nascimento, naturalidade, filiação, etc. servem apenas para a parte informativa.

4. TÉCNICAS DE DESCRIÇÃO E VALORIZAÇÃO DE ÂNGULOS

a) *Descrição pictórica* — técnica descritiva que consiste em apresentar o objeto, situação ou pessoa, através de detalhes. A soma das partes forma o conjunto. Tanto o objeto ou pessoa retratados quanto o repórter estão parados. A imagem deste tipo de descrição lembra a do pintor diante de uma tela, construindo seu quadro por partes.

b) *Descrição topográfica* — consiste na ênfase dada a determinados aspectos de um objeto, pessoa ou situação. Neste tipo de técnica, sobressai a massa e/ou o volume. Numa paisagem do alto, por exemplo, ressaltam as montanhas, os rios, etc. Estes aspectos devem ter prioridade na descrição. Em cada situação, sempre existe um aspecto de maior relevo e/ou importância.

c) *Descrição cinematográfica* — é a técnica mais dinâmica de descrição, pois permite constantes trocas de tempos e espaços. A imagem que se pode ter é a de um filme para o telespectador; as imagens se passam em tempos e espaços diferentes, através de cortes. Podemos, por exemplo, começar com um personagem em sua casa e, logo depois, situá-lo no trabalho, para retornar ao passado, à infância, etc. O desafio está em unir as idéias e os parágrafos. A revista *Veja* utiliza bastante a técnica de descrição cinematográfica. Estas técnicas não permanecem em seu estado puro. É comum encontrá-las combinadas.

5. TIPOS DE *LEAD*

1. *Condensado*: é o tipo mais tradicional de *lead*. Procura responder às perguntas básicas da notícia: que, quem, quando, como, onde e por quê. No Jornalismo Empresarial é preciso muito cuidado na resposta à pergunta "quando". Como a periodicidade dos veículos é mais espaçada, muitas vezes a notícia se refere a fatos ocorridos há bastante tempo. Nestes casos, é preferível a omissão do "quando" no *lead*.

2. *Enumerado*: é o *lead* que enumera os fatos principais da notícia.

3. *Chavão*: aproveita um dito popular qualquer para introduzir a informação.

4. *Interrogativo*: introduz a matéria com uma ou várias perguntas, que podem ser respondidas no próprio *lead*, no sub*lead* ou no decorrer da matéria.

5. *Descritivo*: é o *lead* que descreve uma ação.

6. *Suspense*: oferece um certo tom de mistério, de indefinição, a ser decifrado no decorrer da matéria.

7. *Documentário*: é o tipo que enfatiza números, cifras, estatísticas ou dados históricos. É o *lead* que se aproveita fundamentalmente de dados obtidos na pesquisa documental (ver sistemas de captação).

8. *Declaração textual*: compõe-se de citação direta (uma ou mais) de algum personagem da matéria.

9. *Circunstancial*: procura oferecer as circunstâncias sob as quais o fato narrado pelo *lead* ocorreu.

10. *Ativador de interesse*: busca despertar a curiosidade do leitor, através de aspectos pitorescos da notícia. Em geral, vem em estilo coloquial e utiliza-se do apelo direto.

11. *Dialogado*: é o *lead* formado pelo diálogo entre personagens da matéria.

CAPÍTULO IV

CONTROLE DE QUALIDADE

1. PESQUISA ENTRE O PÚBLICO

As pesquisas entre o público são de importância fundamental para qualquer meio de comunicação. Não é diferente em relação aos jornais e revistas de empresa. Elas permitem um constante aperfeiçoamento do veículo, a partir das necessidades e gostos de seus leitores, uma comprovação ou não de que o veículo está cumprindo os objetivos a que se propõe e a possibilidade de oferecer ao editor um conhecimento maior dos leitores para os quais escreve.

Infelizmente, boa parte das pesquisas entre o público ainda é feita com base em pressuposições empíricas e sem maior reforço científico. Isto se deve ao incipiente estágio de desenvolvimento das pesquisas científicas a respeito dos efeitos dos meios de comunicação de massa no Brasil, ao custo de pesquisas realmente efetivas, à dificuldade operacional de sua realização e às muitas dúvidas ainda não respondidas pelos cientistas sociais, mesmo em outros países do mundo.

Existem, entretanto, algumas conclusões já disponíveis. Na elaboração de questionários de avaliação, por exemplo, muitos cuidados podem ser tomados. O menor número possível de "perguntas abertas" deve ser utilizado, embora sempre seja preciso haver alguma possibilidade (principalmente se a amostragem é pequena) de o entrevistado manifestar-se independentemente. O tipo de questionário deve ser meticulosamente estudado. Parece presente, atualmente, uma tendência para o tipo de perguntas em que o entrevistado é instado a responder se concorda ou não (em vários graus numa escala de três, cinco, sete ou mais pontos) com determinada afirmação. Por exemplo:

— "O jornal Olho Aberto atende às minhas necessidades"

1 2 3 4 5 (valendo 1 como chave para "concordo totalmente", 2 para "concordo em parte", 3 para

"não tenho opinião", 4 para "discordo em parte" e 5 para "discordo totalmente").

Outro tipo de questionário que tem recebido grande atenção dos cientistas sociais especializados nesta área é o que solicita do entrevistado a avaliação de conceitos com números (de zero a mil, normalmente, ou mais). Por exemplo: "O jornal Olho Aberto é um jornal que eu gosto de ler", e pede uma avaliação para esse conceito. Com base nas avaliações feitas para um grande número de conceitos, torna-se possível chegar a várias conclusões comparativas.

De qualquer modo, é preciso que o questionário passe por um teste, antes de ser aplicado à amostragem (que também deve ser escolhida através da aplicação de critérios científicos de representabilidade). O pré-teste vai indicar a prosperidade ou não das perguntas (ou conceitos emitidos), através da utilização de diversos esquemas científicos para a sua mensuração. Como regra geral e básica, no entanto, é bom lembrar que as perguntas ou conceitos precisam ser emitidos em linguagem acessível a todos os entrevistados e devem ser curtos, sem conter mais do que uma idéia por vez (por exemplo: "o jornal Olho Aberto é bonito e bem escrito" é um conceito mal emitido, em termos de pesquisa de público, porque veicula duas idéias numa só oração) e sem usar a forma negativa, a fim de evitar confusões da parte do respondente. As regras devem ser claramente expostas e, se possível, os questionários serão aplicados por um entrevistador. Neste caso, os entrevistadores agirão de maneira uniforme, recebendo treinamento especializado.

No que se refere a pesquisas entre o público, para a introdução de um veículo ou a introdução de novidades num veículo já existente, existe uma vasta literatura a respeito da "comunicação de inovações". Há todo um embasamento teórico a permitir uma série de conclusões a respeito do assunto. Através da utilização de recursos cibernéticos (que, no caso de empresas que dispõem de computadores, podem não ser tão caros como parecem à primeira vista), é possível obter conclusões relativamente seguras sobre as chances de êxito da inovação a ser introduzida no meio a que se destina.

Quanto aos efeitos do jornal de empresa sobre o seu público, as possibilidades de mensuração são muito grandes, quando comparadas com outros meios de comunicação de massa. O público de um jornal de empresa é "cativo", isto é, está permanentemente à disposição dos pesquisadores, que podem observar o seu comportamento durante largos períodos de tempo, sem maiores dificuldades. Assim, por exemplo, é possível medir com certa precisão a eficácia ou não de uma campanha de segurança no trabalho, desencadeada pelo jornal, usando-se vários instrumentos de mensuração.

A grande dificuldade em medir os efeitos dos meios de comunicação de massa está na dispersão do público e na influência de outros fatores sobre o seu comportamento. No caso específico do jornal empresarial e tratando-se de assuntos afetos somente à empresa, é muito mais fácil isolar o público e os fatores paralelos, e promover uma pesquisa cujos resultados serão muito mais seguros do que os de estudo similar realizado entre o público geral. A realização desse tipo de pesquisa permite, inclusive, a demonstração inequívoca da importância dos veículos internos aos empresários, dando-lhes os números comprobatórios de sua eficácia.

2. MODELOS DE QUESTIONÁRIOS

Evidentemente, é difícil estabelecer modelos definitivos a serem usados em pesquisas de opinião pública. Aliás, a adoção de fórmulas prontas é um dos erros mais comuns nesta área. Cada caso é um caso e deve ser avaliado em separado. Cada tipo de público exige um estudo que permita estabelecer qual o tipo de questionário mais eficiente para ele. Por exemplo, está provado que há grupos culturais que não conseguem apreender a sutileza da diferença entre "concordo totalmente" e "concordo em parte". Para outros grupos, contudo, essa diferenciação é grosseira demais, sendo necessária a criação de novas escalas de graduação entre uma e outra. Tratando-se de determinado público, as perguntas em aberto são imprescindíveis, enquanto para outros apenas um questionário totalmente fechado pode ser compreendido e útil. O mesmo se repete em relação à formulação das perguntas ou afirmativas: elas deverão ser formuladas em função do público. Portanto, não existem modelos definitivos. Há apenas idéias já utilizadas ou noções gerais que devem, no entanto, antes de ser aplicadas a casos específicos, receber estudo profundo e demorado para que se comprove a conveniência de sua utilização em cada situação.

Um exemplo de questionário simples, de avaliação do jornal, é o que expomos a seguir. Ele talvez tenha sido adequado para os objetivos a que se propunha, apesar de apresentar problemas, do ponto de vista técnico. Ele pode, no entanto, ser considerado eficiente, na medida em que saibamos quais são os objetivos a que se destina e se o público que o respondeu estava de acordo com a sua formulação.

Exemplo

Estamos fazendo uma avaliação do nosso jornal, para melhorá-lo ainda mais. E, nessa tarefa, nós precisamos de sua colaboração.

O que lhe pedimos é que preencha este questionário, respondendo honestamente a todas as questões levantadas. Não se deixe influenciar pelos outros nem solicite opinião a quem quer que seja. *Nós queremos conhecer a sua opinião.* Antecipadamente, muito obrigado!

QUESTIONÁRIO

1. *Identificação* (Se preferir, deixe este item em branco)

   1.1 Nome:

   1.2 Departamento/Seção:

   1.3 Cargo/Função:

2. *Em sua opinião:*

   2.1 Tudo o que o jornal publica interessa ☐

   2.2 Muita coisa interessa ☐

   2.3 Pouca coisa interessa ☐

   2.4 O que o jornal publica não interessa ☐

3. *Tente justificar a resposta da pergunta anterior:*

   _____

   _____

   _____

   _____

4. *Que assuntos mais lhe agradam no jornal. Indique três:*

   4.1 Editorial ☐

   4.2 Sugestões ☐

   4.3 Segurança ☐

   4.4 Página Cultural ☐

   4.5 Página da mulher ☐

   4.6 Homenagens aos funcionários ☐

   4.7 Classificados ☐

   4.8 Passatempo ☐

   4.9 Entrevistas com funcionários ☐

5. *Assinale os assuntos que você acha importante saírem regularmente no jornal:*

5.1 Expansão da empresa ☐

5.2 Cursos da empresa ☐

5.3 Visitas ☐

5.4 Homenagens ☐

5.5 Funcionamento dos Departamentos ☐

5.6 Lançamento de novos produtos ☐

5.7 Números, índices de estatísticas de produção ☐

5.8 Entrevistas com funcionários ☐

5.9 Entrevistas com funcionários (nível de chefia) ☐

5.10 Noticiário social e associativo ☐

5.11 Concursos ☐

5.12 Coluna feminina ☐

5.13 Informação científica e tecnológica ☐

5.14 Informações culturais e artísticas ☐

5.15 Literatura (contos, crônicas, poesias, etc.) ☐

5.16 Informações práticas e atuais ☐

5.17 Problemas urbanos (habitação, trânsito, saúde, etc.) ☐

5.18 Educação (informações sobre cursos, profissões, escolas) ☐

....

5.19 Palavras cruzadas ☐

5.20 Humor ☐

5.21 Testes de conhecimento ☐

5.22 Quebra-cabeças ☐

5.23 Curiosidades ☐

5.24 Atualidades econômicas (índices e estatísticas sobre desenvolvimento nacional) ☐

5.25 Educação familiar ☐

5.26 Grandes temas nacionais (projetos, obras, descobertas) ☐

5.27 Automobilismo e mecânica ☐

5.28 Esportes (nacional, internacional) ☐

5.29 Programação de lazer (rádio, televisão, cinema, publicações impressas) ☐

5.30 Higiene, segurança ☐
5.31 Turismo (informações turísticas) ☐
5.32 Cartas ao editor (opiniões, conselhos, etc.) ☐
5.33 História brasileira ☐
5.34 Curso de Português ☐
5.35 Matérias enviadas por funcionários ☐

6. *Na sua opinião, existem falhas no jornal:*
Na redação ☐
Nas ilustrações ☐
No aspecto gráfico ☐
Na escolha dos temas ☐
Não existem falhas ☐

7. *O que você recomenda para melhorar o jornal:*
Maior número de páginas ☐
Maior número de matérias ☐
Cumprimento dos prazos ☐
Maior número de ilustrações ☐
Tipos gráficos maiores ☐
Cores ☐
Mudança de papel ☐
Mudança de formato ☐
Mudança de estilo gráfico ☐
Maior número de seções ☐

8. *Justifique a resposta anterior ou acrescente outras recomendações:*

_____

_____

9. *Além de você, quem mais lê o jornal?*
Esposa ☐
Filhos ☐
Outros parentes ☐
Amigos ☐

126

10. *Você é favorável à inclusão de uma seção para crianças no jornal?*

Sim ☐   Não ☐

11. De 1 a 10, que nota você atribui ao jornal?   ☐

12. *Espaço reservado para sugestões, comentários e observações finais:*

---

3. MODELO DE ANÁLISE

Análise crítica, sob os seguintes ângulos:

— Conteúdo

— Forma

— Leiturabilidade

— Universalidade

— Criatividade

Sugestões para valorização editorial

A análise crítica da qualidade jornalística de qualquer veículo, efetuada so²re edições da publicação, não pode ter ambições de estudo de profundidade, por escassearem informações que seriam importantes para uma avaliação de maior porte, como, por exemplo, um diagnóstico sócio-cultural da comunidade (público a ser atingido) em função da qual o jornal é elaborado.

Mas acreditamos que, por vezes, uma análise de maior profundidade é dispensável, pois, sendo desaconselháveis mudanças radicais repentinas no veículo, se torna suficiente a simples identificação de defeitos de concepção e execução, cuja eliminação progressiva é possível.

O aperfeiçoamento de um jornal que já existe e que, mal ou bem, atinge o público específico a que se dirige, é um exercício permanente, edição após edição. O contato com este público, a identificação e o entendimento das suas reações, a busca de formas mais adequadas de transmitir as mensagens, a definição de prioridades para os assuntos e para sua apresentação, o estabelecimento ou correção de mecanismos de captação de informações e opiniões — tudo isso é um trabalho a ser feito permanentemente.

E é sob este ângulo que nos parece possam ser enquadrados os defeitos mais graves de uma publicação. Tomemos, por exemplo, quatro aspectos:

a) Desvalorização de enfoques, com o empobrecimento de assuntos globalmente bons.

b) Desequilíbrio nos critérios de importância, gerado pela preocupação dominante de ocupar o espaço disponível apenas em função de valores estéticos.

c) Incapacidade de universalizar valores particulares, dificultando, com isso, a identificação dos grupos com as histórias individuais.

d) A inadequação das soluções gráficas sob o ponto de vista da leiturabilidade: sistematização da composição irregular, medidas muito largas (o que torna a leitura um sacrifício visual), uniformização de estilo.

Evidentemente, o jornal pode ter virtudes — assuntos humanos, gente, boa qualidade de impressão, redação gramaticalmente correta, arejamento visual — as quais podem ficar seriamente comprometidas pelos aspectos negativos da forma. Alguns exemplos: titulação sem impacto, divagações estilísticas, fotos sem legendas, mesmo nos casos em que elas seriam indispensáveis, títulos com abstrações, claros exagerados, etc.

Outro problema constatado em várias publicações de empresa: dificilmente se encontra um tema que revele um esforço de *criar o assunto;* o jornal praticamente só noticia *fatos acontecidos,* regra quebrada apenas por uma ou outra entrevista. Não se antecipam acontecimentos, não se cria clima para nada, não se motivam atitudes. Resta a impressão de que o jornal não é tematicamente comandado, mas limita-se a recolher "press-releases", que depois recebem um tratamento de redação, quase sempre o mesmo, qualquer que seja o assunto. E, nesse tratamento, não poucas vezes o fulcro da informação ou o ângulo mais importante são anulados pelas divagações estilísticas introdutórias, enquadradas dentro da técnica nem sempre eficiente do "nariz de cera".

Disso resulta que o jornal não consegue transmitir ao leitor uma imagem global da empresa, nem da comunidade, nem sequer dos grupos que a formam. Cada matéria é uma matéria, cada fato é um fato, cada foto é uma foto, sem valorização interpretativa que dimensione socialmente os assuntos, os acontecimentos, as atitudes focalizadas.

É fácil supor que tudo isso é conseqüência da falta de planejamento. A análise efetuada leva à dedução de que num jornal em que aqueles defeitos aparecem:

a) Não existe pauta (previsão de assuntos e respectiva esquematização em termos de enfoque, coleta de dados, pesquisa, etc.).

b) Não existe (ou não é bem utilizada) uma estrutura de captação ativa de informações.

c) Não existe uma estrutura editorial básica.

d) Não existe a preocupação (ou a capacidade) de introduzir inovações, quer temáticas, quer gráficas.

e) Não existem caracterização e diversificação de tipos de matérias através do estilo (informativas, interpretativas, opinativas, descritivas, diversionais, etc.).

f) Embora tenha um estilo gráfico, o jornal não é enriquecido com as variações desejáveis para atração e condução do leitor.

Essas observações podem ser sintetizadas em duas palavras: *falta de planejamento,* o que se reflete, provavelmente, também, na dificuldade em cumprir prazos de circulação.

Sugestões

a) Identificando-se como objetivo principal de um jornal de empresa o de ser instrumento de relações humanas dentro da empresa, a ele devem ser atribuídas três funções básicas:

— *Função educativa,* através de informações e ensinamentos que estimulem o desenvolvimento de virtudes humanas e sociais em pessoas e grupos.

— *Função promocional,* através de estímulo a atividades associativas e atitudes individuais que humanizem o relacionamento interno, desenvolvam reações positivas face aos desafios da vida e sedimentem uma mentalidade de valorização do homem.

— *Uma função diversional,* principalmente através de iniciativas próprias ou de apoio a iniciativas da comunidade que visem a oferecer divertimentos que propiciem o surgimento e valorização de méritos.

b) Buscando a atender bem essas finalidades, cada edição deve ser planejada, de modo a prever:

— Divulgação das atividades e méritos da comunidade;
— Pesquisa e divulgação de assuntos bons dentro da comunidade, envolvendo pessoas ou grupos;
— Criação de acontecimentos (concursos, promoções, etc.) que ofereçam novas motivações de participação e, simultaneamente, estimulem a revelação de valores, o espírito de competição e o anseio de aperfeiçoamento;
— Oferecimento de temas atuais em torno dos quais existam dúvidas, curiosidade ou interesse especial;
— Adequação temática do jornal aos interesses específicos de cada época;
— Seleção de pessoas e fatos cujas opiniões, feitos e importância valorizem o conteúdo do jornal;
— Elaboração de pesquisa ou pesquisas que valorizem a informação em torno de assuntos programados;
— Estabelecimento de prazos que assegurem regularidade de circulação.

c) Reestudar a linha gráfico-artística do jornal, de forma a dar-lhe:

— Maiores possibilidades de variação dentro do mesmo estilo;
— Graduação de impactos visuais conforme o nível de importância dos assuntos;
— Condicionamento dos valores estéticos aos objetivos de leiturabilidade;
— Maior índice de utilização de recursos técnicos que a impressão em *off-set* proporciona;
— Equilíbrio entre a sofisticação visual, que agrada aos olhos, e o impacto atrativo, que conduz à leitura;
— Maior integração entre fotos e texto, de modo a que esses dois elementos provoquem efeitos recíprocos e conjugados de atração.

d) Reformular a técnica da redação, para que cada assunto receba o tratamento que permita tirar dele o maior efeito em termos de:

— Identificação entre o assunto e o leitor;
— Reações do leitor (aceitação, desejo de resposta, impulso de participação, curiosidade, imitação, etc.);
— Relacionamento entre o particular e o universal, entre a pessoa e o grupo, entre a atividade e a empresa, entre o problema e a solução, entre o efeito e a causa, etc.;

- Envolvimento do leitor na história;
- Entendimento fácil;
- Prazer na leitura.

e) Mudar a técnica de titulação, dando-lhe:
- Maior objetividade;
- Maior força de impacto;
- Maior fidelidade à mensagem ou à informação.

f) Programar matérias sobre as atividades da empresa, não no sentido da promoção patronal, mas visando a revelar méritos do trabalho da comunidade e seu valor sócio-econômico, sempre numa linha de dignificação do homem e de seu trabalho.

g) Criar expedientes que levem o leitor a participar mais ativamente do jornal, através de colaborações programadas (a colaboração livre tem o perigo de trazer trabalhos medíocres, impublicáveis, o que criaria frustrações e antipatias).

4. CONTROLE DE FLUXO

Um modelo simples, para uma rápida análise de jornais e revistas de empresa, é o que se apóia sobre os fluxos de comunicação. O objetivo deste modelo é de averiguar se as matérias divulgadas saíram de cima para baixo (da cúpula para a comunidade) ou de baixo para cima (dos funcionários para cima).

Este modelo oferece um retrato global da publicação, podendo mostrar jornais mais formais ou mais informais, conforme o fluxo predominante. É importante estabelecer que a comunicação bilateral — a do *fluxo em duas mãos* — é a melhor saída.

QUADRO PARA ANÁLISE

	Janeiro/1983	Fevereiro/1983	Março/1983	Abril/83
N.º de temas	10	7	8	15
Enfoque/ fluxo	Descend. — 7 Ascend. — 1 Misto — 2	Descend. — 4 Ascend. — 3	Descend. — 3 Ascend. — 4 Neutro — 1	Descend. — 4 Ascend. — 5 Misto — 3 Neutro — 3
Proporção texto/ ilustrações	Texto — 70% Ilust. — 30%	Texto — 50% Ilust. — 50%	Texto — 60% Ilust. — 40%	Texto — 40% Ilust. — 60%

Critérios:

Descend. = *Descendente* — Temas cujas fontes se situem em escalões superiores e/ou que se refiram basicamente à empresa (estruturas, processos, métodos, normas, atividades, expansão, etc.).

Ascend. = *Ascendente* — Temas que surgem do seio da comunidade, de baixo para cima (informações pessoais que escapam ao controle do topo empresarial).

Misto — Há enfoques dos dois lados.

Neutro — Temas que não se ligam nem à empresa, nem aos funcionários. Matérias de interesse prático e útil (dicas, turismo, lazer, etc.).

CAPÍTULO V

NORMAS DE REDAÇÃO

I — USO DA LAUDA

O papel de texto da publicação (lauda) deve ser padronizado, de forma a permitir maiores facilidades na fase da diagramação. A lauda tem um formato padrão de 22 cm x 32 cm, incluindo margens de 2 cm em cada lado e os espaços (no alto e/ou embaixo) para as indicações convencionais: repórter e redator, matéria, n.º da lauda, etc.

Deve-se escrever sempre à máquina, dentro do retângulo da lauda e bem em frente ao número que marca as linhas horizontais. A lauda-padrão tem 20 linhas: o texto deve começar a partir da linha horizontal n.º 1, indo até o fim da linha (72 batidas, em média).

Sempre que preciso, as sílabas serão separadas no final de cada linha. Em início de parágrafos, o texto começará a cinco espaços da margem esquerda. Os claros do cabeçalho serão preenchidos, acrescentando-se o símbolo X à última lauda da matéria, como indicação do seu final. O papel usado para os títulos deve ser o mesmo do texto.

II — TRATAMENTO

* No jornalismo diário, as fontes ou personagens são tratadas pela profissão ou pelo cargo e, às vezes, pelas duas formas conjugadas. Ex.: José Antônio da Silva, operador de máquinas; o diretor-presidente, Antônio Fábio Pereira; ou ainda, o diretor-superintendente, eng.º Antônio Fábio... No jornalismo empresarial, permite-se mais liberdade, podendo-se nomear a profissão ou o cargo de maneira descritiva. Assim: "Há dez anos, no dia 20 de novembro de 1964, José Teixeira Neto transpunha pela primeira vez os portões da empresa. Entrou para a Funilaria, onde está até hoje, como Operador de Máquinas".

* O cargo deve preceder a fonte, mas a profissão pode vir tanto antes como depois. Nos exemplos anteriores, a profissão "operador de máquinas" vem depois, mas o cargo de "diretor-presidente" aparece antes.

* Quando surgir pela primeira vez, o nome da pessoa figurará por extenso. Nas ocasiões subseqüentes, permite-se o emprego de sua parte mais conhecida. No jornalismo empresarial ou em histórias de interesse humano, pode-se usar uma abertura-surpresa e, neste caso, admite-se até o emprego de apelido ou cognome com a finalidade de "esconder" a personagem para mostrá-la apenas mais adiante.

* Quando não se conhece o cargo ou profissão, o que denuncia uma falha de captação, o tratamento preferencial deve ser sr., sra., srta. Mas esse tratamento pode ser abolido quando se trata de pessoa informal, bastante conhecida dos funcionários. Exemplo: "...logo, logo a gente percebe que José não é homem de falar muito". O texto fica mais informal e aberto, sem o rigor da notícia oficial.

* Os cargos e profissões deverão vir sempre por extenso (engenheiro, diretor-presidente), podendo-se abreviar a profissão, quando esta vier em seguida ao cargo. Ex.: o diretor-presidente, eng.º Joaquim Antônio.

* Doutor ou dr. devem ser reservados aos médicos ou a profissionais que defenderam tese de doutoramento.

III — MAIÚSCULAS

As seguintes palavras, nomes, expressões e situações exigem inicial maiúscula:

* A palavra Senhor, quando se refira a Deus; e também, a palavra Senhora, quando se refira a Nossa Senhora.

* Começos de frase, verso ou citação: "Disse o engenheiro..."

* Departamentos, setores, seções, unidades. Ex.: Departamento Financeiro.

* Primeiras e principais palavras dos títulos de livros, peças de teatro, fitas de cinema, conferências: *A Sangue Frio; O Grito;* "Imposto de Renda e Desenvolvimento Nacional".

* Títulos honoríficos ou eletivos: Cidadão de São Paulo, Rainha da Primavera.

134

* Nomes sagrados, religiosos, mitológicos, astronômicos: Júpiter, Cristo, Vênus, Buda.

* Nomes que abrangem conceitos sócio-político-filosófico-religiosos: Igreja, Religião, Senado da República. No sentido geral, indeterminado, são grafados com minúsculas: as igrejas, as religiões orientais.

* Nomes de épocas, acontecimentos históricos, datas, festas solenes: Primavera, o 25 de Março, Semana da Independência, Batalha de Guararapes.

* Nomes que designam artes, ciências, idiomas, escolas: Artes Plásticas, Biologia, Língua Inglesa, Faculdade de Economia.

* Pontos cardeais, na designação de regiões do mundo: as nações do Ocidente, o Pólo Sul.

* Designações de atos legislativos: Lei de Segurança Nacional, Lei de Imprensa.

* Antropônimos, alcunhas, topônimos: Maria José, Pelé, São Paulo, Recanto de Itaguá.

* Nomes de ruas, lugares públicos, repartições: Rua da Matriz, Praça da República, Instituto de Desenvolvimento Florestal.

* Nomes de naves espaciais, foguetes: Skylab, Saturno I.

* Marca de automóveis, aviões ou produtos comerciais: Camaro, Cessna, sabonete Triunfo.

* Nomes de conjuntos artísticos, grupos teatrais: Rolling Stones, Grupo Experimental.

* Nomes de firmas nacionais e estrangeiras: Embratel, General Motors.

* A palavra *papa* é grafada de duas maneiras. Com maiúscula, Papa, quando se referir impessoalmente ao chefe da Igreja, o Papa disse... Com minúscula, papa, quando acompanha o nome: o papa Paulo VI disse...

IV — MINÚSCULAS

Devem ser grafadas com minúscula:

* As profissões e cargos: engenheiro, médico, jornalista, gerente, assistente técnico, supervisor.

* Os meses: janeiro, fevereiro.

* Partículas monossilábicas e átonas no meio de títulos, onomásticos, elementos integrantes de locuções: Semana *da* Independência, *O Velho e o Mar, Crepúsculo dos Deuses, A Volta ao Mundo em 80 Dias*.

* Nomes comuns que acompanham nomes geográficos: baía da Guanabara, ilha das Cobras.

* Patentes militares: coronel, tenente, capitão.

* Funções públicas: ministro, diretor de gabinete, delegado, desembargador.

* Títulos de nobreza: marquês, condessa.

* A palavra capital, com exceção da Capital Federal.

V — NÚMEROS

* De um a dez, por extenso. Com algarismos, de 11 em diante: um, oito, 14, 19.

* Acima do milhar, aconselha-se a grafia mista: 179 mil.

* Quando os números são quebrados, aconselha-se o emprego de algarismos: 1.207,55.

* Por extenso, devem ser grafados: cem, mil, milhões, bilhões, trilhões: 30 bilhões.

* Deve-se evitar algarismo em início de período. Aconselha-se, também, evitar algarismos em *leads* de matérias.

* A moeda é grafada assim: de um a dez, por extenso. Com algarismos, de 11 em diante: um cruzeiro, 18 cruzeiros. O emprego do cifrão implica o uso de algarismos: Cr$ 1.207,00. Importâncias cifradas em moedas estrangeiras devem ter a sua indicação em cruzeiros entre parêntesis: 50 mil dólares (400 mil cruzeiros).

* A hora deve receber esta grafia: 1h, 12h30m, etc.

* Usar algarismos para: datas, endereços, tempo de corridas ou disputas, licenças de veículos, resultados de jogos, latitudes e longitudes, rateios, idades, percentagens, distâncias e dimensões.

VI — ABREVIAÇÕES

1. Os títulos dr., prof., Exa., S.S., sr., sra., devem ser grafados abreviadamente apenas quando seguidos do nome próprio respectivo: prof. Joaquim dos Santos.

2. N.º — quando seguido imediatamente de algarismos — n.º 58.

3. S. — apenas quando a forma for São; nunca abreviar quando seja Santo. S. Paulo; mas Santo Agostinho.

4. As restantes abreviaturas comuns são: kg (quilograma), km (quilômetro), kl (quilolitro), kv (quilovolt), kva (quilovolt-ampère), kw (quilowatt), kwh (quilowatt-hora), m (metro), mm (milímetro), t (tonelada), ap. (apartamento), dz. (dúzia), l (litro), m^2 (metro quadrado), n.º (número), pág. (página), pol. (polegada), v (vapor, vara, verbo), h (hora), m (minuto), s (segundo).

5. 1.º pode ser grafado nas datas, endereços ou na citação de artigos de um contrato ou código.

6. As demais abreviações devem seguir as normas do Novo Vocabulário Ortográfico da Língua Portuguesa (NVOLP).

VII — SIGLAS

1. Quando usadas pela primeira vez no texto, devem ser traduzidas. Se se tratar da sigla da empresa, dispensa-se tradução.

2. São dispensadas as traduções de siglas bastante conhecidas: ONU, Arena, MDB, Mobral.

3. Se formarem palavras pronunciáveis, serão grafadas em caixa baixa, apenas com a inicial maiúscula: Sudene, Cosipa, Embratel, Contel. Quando forem formadas exclusivamente de iniciais de várias palavras, serão grafadas em caixa alta: DNOCS, USP, ONU.

VIII — DESTAQUES

1. Os destaques devem ser feitos apenas com grifo, negrito, versal, redondo, de acordo com o tipo gráfico usado na matéria, de forma que a palavra ou frase que se queira destacar sobressaia. Se a matéria estiver composta em grifo, o destaque será dado em redondo; se vier em negrito, o destaque deverá estar em claro; se estiver em claro, o destaque será em negrito.

2. Destaques devem ser dados a: títulos de livros, nomes de músicas, jornais e revistas, programas de rádio e TV, navios, gírias e apelidos, nomes de filmes.

3. Palavras estrangeiras já integradas no nosso linguajar não devem ser grafadas com destaque: Premier, Copy-Desk; e também aquelas já relacionadas no NVOLP: quorum, habeas-corpus, corner, pênalti, déficit.

4. Apelidos de atletas não devem ser destacados: Pelé, Luiz Chevrolet, etc.

5. Também não devem receber destaque: nomes de conjuntos artísticos, firmas nacionais ou estrangeiras, medalhas, concursos, prêmios literários, títulos honoríficos, marcas, associações.

IX — ESTRANGEIRISMOS

Os termos estrangeiros devem, na medida do possível, obter a forma aportuguesada: pênalti, gol, coquetel, basquetebol, time, biquíni.

X — HÍFEN

* Deve-se usar hífen exclusivamente nas formas expressas pelo Vocabulário: patrão-mor; pau-de-sebo; pau-a-pique.

* Certas expressões que tenham sentido de oposição também levam hífen: anti-Cristo; anti-Guerra, etc.

* Antes do sufixo *mor*: alta-mor.

* Em nomes dos dias da semana: terça-feira.

* Em compostos em que o primeiro elemento seja forma apocopada: grão-cruz.

* Antes dos pronomes enclíticos, antes e depois dos pronomes mesoclíticos: dize-me, dir-te-ei.

* Em combinações substantivas, cuja segunda palavra indique objetivo, tipo, forma, aspecto: jardim-escola; café-concerto; hospital-modelo.

* Em compostos de dois adjetivos: verde-escuro.

XI — ASPAS

* São usadas em citações e em títulos, quando se pretende dar destaque a uma ou mais palavras.

* Regra geral: abrem-se aspas no início das citações, fechando-se ao final, não devendo ser repetidas nos parágrafos do trecho transcrito.

* A citação ou transcrição pode ser de um trecho, de uma palavra ou de apenas uma letra.

* Quando as declarações textuais iniciam um parágrafo, as aspas podem dar lugar a um travessão. Neste caso, no final do parágrafo, dispensam-se as aspas.

XII — APÓSTROFO

* É usado em palavras compostas em que se juntam duas vogais: copo d'água, pau d'arco.

XIII — PONTUAÇÃO

* Não se deve separar o sujeito do verbo ou o verbo do complemento com vírgula.

* A vírgula deve ser usada para intercalar os apostos.

* A vírgula deve ser usada, após os advérbios ou expressões adverbiais que iniciam períodos: Enquanto isso, na semana anterior.

* As intercalações, em geral, são virguladas, exceto as muito extensas, onde se deve usar travessão.

* A vírgula deve ser usada nas enumerações, mas não nos números escritos por extenso: mil novecentos e setenta e três.

* O ponto e vírgula deve ser usado nas relações de nomes, quando são acompanhados por atributivos: Estiveram presentes o Presidente da República, general Geisel; o ministro dos Transportes, Dirceu Nogueira; e outras autoridades.

* Os dois pontos devem ser usados para preceder uma citação direta, resultados numéricos ou resoluções: Então ele falou: "Eu cheguei, observei e tomei as providências"; Os resultados foram: 3 a 2 e 4 a 1; o governador do Estado resolve: ...

* O travessão é recomendável no lugar das aspas para citações completas. Neste caso, o parágrafo começa com travessão e termina com ponto. Assim: — Acredito que o problema... de todos. Com essa afirmação, o Sr. Fulano de Tal...

XIV — CITAÇÕES

* Na medida do possível, devem-se evitar as citações textuais. As transcrições literais serão feitas quando apresentarem certa originalidade, impacto, ângulo pitoresco e interessante, ou ainda quando se pretender qualificar características culturais da fonte comunicadora.

* As citações devem ser reduzidas ao seu sentido, principalmente quando partirem de testemunhas de acidentes ou fatos que possam causar polêmica. É preferível apresentar e/ou interpretar o sentido dado pelas fontes a reproduzir a íntegra das declarações, uma vez que a eliminação necessária de gírias e incorreções gramaticais

— freqüentes em depoimentos desta natureza — tirará a espontaneidade do texto transcrito.

XV — NOMES

* Os personativos e intitulativos mantêm sua forma original. Quando desconhecidos, os nomes devem adaptar-se à ortografia de 1943, devendo ser simplificados: Manuel, Afonso, Rui, Valter, etc.

* Os nomes de pessoas estrangeiras devem manter a forma original.

* Os nomes de países ou acidentes geográficos devem ser simplificados e aportuguesados, quando possível, de acordo com as normas adotadas pela ONU: Nova Iorque, Roma, Brazzaville, etc.

* Nomes estrangeiros, mas que tenham homônimos em português, devem receber grafia aportuguesada: Vanderlei, Valter, etc.

* Os nomes próprios de lugar (topônimos) de tradição histórica não devem sofrer alteração na grafia: Bahia.

XVI — DATAS

* Quando a data mencionada na matéria estiver a menos de uma semana da data da publicação da edição, deve-se usar o dia da semana: sexta-feira próxima. Quando a data extrapolar a semana, menciona-se o dia e o mês.

XVII — PARÊNTESES

* Em princípio, devem-se evitar os parênteses.

* Esporadicamente, usá-los para dar indicações explicativas estranhas ao texto.

* Deve-se usar meio parêntese nas partes de uma enumeração: 1.º), 2.º).

XVIII — LUGARES-COMUNS/CHAVÕES/PRECIOSISMOS

* Devem ser evitados os lugares-comuns, chavões e preciosismos, tais como: ferragens retorcidas, pavoroso incêndio, vetusto casarão, primeiro mandatário, precioso líquido, soldados do fogo, pavoroso crime, grave acidente de trânsito, agente da lei, data natalícia.

140

* A forma dos textos, nos gêneros jornalísticos informativo e interpretativo, deve ser preferencialmente a impessoal. Mas devem ser condenados os lugares-comuns: perguntamos ao sr. João; disse-nos o prefeito; chegou a nossa cidade; informou à reportagem, disse à reportagem, declarou ao jornal, apuramos junto à secretaria, nossa reportagem apurou, nossa reportagem procurou ouvir, informou-nos o sr. Batista, falando à reportagem, em contato com o nosso redator ou com a nossa reportagem, segundo apuramos, etc.

XIX — SUBTÍTULOS

* Matérias longas devem ser divididas por subtítulos, os quais serão datilografados entre o último parágrafo de uma parte da matéria e o primeiro da parte subseqüente, a começar da margem.

* Embora não exista uma regra fixa, é conveniente a inclusão de um subtítulo pelo menos a cada duas laudas de matéria. Não deve haver subtítulos separando menos do que uma lauda de matéria.

* Os subtítulos não podem ser longos. No máximo, devem ter 25 batidas datilográficas, e se referirão a aspectos genéricos do conteúdo da matéria que introduzirem (por exemplo: os premiados, os filhos e o trabalho, a vitória de 1970, etc.).

XX — ACENTUAÇÃO

Ao contrário do que fazem muitos jornais diários, os jornais de empresa devem seguir as normas de acentuação gráfica do Formulário Ortográfico da Língua Portuguesa de 1943, modificadas pela Lei 5.765, de 1971, que aboliu o uso do trema nos hiatos átonos, o acento circunflexo diferencial nas letras *e* e *o* das sílabas tônicas das palavras homógrafas de outras em que são abertas as letras *e* e *o* (exceção feita à palavra *pôde,* que se acentua por oposição a *pode*) e o acento grave das sílabas subtônicas dos vocábulos derivados em que figurar o sufixo *mente* ou sufixos iniciados com a letra *z*.

TERCEIRA PARTE

PESQUISA

JORNALISMO EMPRESARIAL
NO BRASIL

1. A METODOLOGIA

Propusemo-nos levantar algumas questões sobre o jornalismo empresarial brasileiro que nos permitissem obter respostas, até certo ponto razoáveis, sobre a sua amplitude e as suas características fundamentais. Desde logo, pudemos perceber a grandiosa pesquisa que teríamos de realizar, caso realmente quiséssemos dimensionar os limites do jornalismo empresarial no Brasil. A vastidão do país, as diferentes características regionais, a concentração industrial no Centro-Sul em detrimento de outras regiões e, conseqüentemente, a concentração da atividade jornalística no perímetro Rio-São Paulo — responsável por, aproximadamente, 75% do mercado jornalístico nacional — foram alguns dos problemas que surgiram, entre outros.

Iniciamos o trabalho de pesquisa, dedicando-nos, em primeiro lugar, a um levantamento de publicações (jornais, revistas, boletins) que nos fornecesse a máxima representatividade possível, tanto por gênero como por regiões. Além de contatos pessoais em algumas regiões e da nomeação de correspondentes em outras, valemo-nos, também, da listagem da Associação Brasileira de Editores de Revistas e Jornais de Empresa (ABERJE), entidade nacional responsável pela sistematização profissional da atividade jornalística na empresa.

Obstáculos de ordem metodológica e conceitual foram sendo resolvidos à medida que a coleta de informações e o levantamento das publicações se desenvolviam. Assim é que optamos pela ênfase no setor de *jornais,* dada a sua superioridade estatística em relação às *revistas* e *boletins,* estes últimos, muitas vezes, confundindo-se com os primeiros. Deixamos de lado os jornais de associações de classe, por se afastarem dos parâmetros do jornalismo empresarial e por constituírem, de per si, categoria própria, com programação temática vinculada à defesa e à reivindicação de direitos. As publicações internas, mais representativas, constituíram a parte substancial da análise.

Feitas essas observações, resolvidos os problemas, elaboramos uma listagem com 254 publicações: 161 jornais e 93 revistas. Incluímos os boletins na categoria de jornais, não apenas pela indefinição temática que os caracteriza como pela sua semelhança com os jornais e por sua pouca representatividade no mercado.

A segunda categoria de problemas a surgir relacionou-se com a definição no campo de pesquisa. Como se sabe, a pesquisa em imprensa é uma área relativamente nova, exigindo abordagens criativas, enfoques originais. Para conhecer o jornalismo empresarial brasileiro, deveríamos, antes de tudo, estudar o canal, o produto. Daí a nossa opção, em termos de pesquisa, pelo canal — as publicações do jornalismo empresarial.

A escolha do canal permite um estudo panorâmico do jornalismo empresarial: a *análise morfológica,* compreendendo o estudo do texto e suas relações com o espaço em branco e as ilustrações (trinômio que lhe dá a feição gráfica); a *análise de conteúdo,* que nos permite conhecer de perto a temática das publicações e testar objetivos (análise que pode estender-se à propaganda, ao lazer, à literatura, à educação e às ilustrações); a *análise de características técnicas;* a *análise de procedência geográfica;* a *análise de gêneros jornalísticos* (jornalismo informativo, jornalimo interpretativo, jornalismo opinativo); a *análise de categorias de mensagem* (jornalismo, propaganda, educação, literatura, entretenimento.)

A metodologia aplicada apóia-se nos estudos do Centro de Estudos Superiores de Periodismo para a América Latina (CIESPAL), sobretudo no clássico "Dos Semanas en la Prensa de América Latina", que nos fornece um completo quadro de referências técnicas para uma teorização em torno de imprensa comparada.

2. RESULTADOS: CARACTERÍSTICAS TÉCNICAS JORNAIS *VERSUS* REVISTAS

A primeira observação que nos parece interessante destacar refere-se à proporção da amostragem. É inegável que os jornais têm acentuada predominância sobre as revistas, o que, na nossa amostra, está caracterizado pelas porcentagens de 63,4% (jornais) e 36,6% (revistas). Esta situação, que contrasta com o mercado do jornalismo geral, onde a proporção de revistas é substancialmente maior, reflete, até certo ponto, a mentalidade acerca da atividade de imprensa empresarial no Brasil.

Como produto mais barato, o jornal é o preferido, ficando a revista como alternativa para as maiores empresas, solução que atende, freqüentemente, ou, na maioria dos casos, aos esquemas de Relações Públicas. Sabe-se que a política de RP realça a imagem da empresa numa abordagem essencialmente voltada para os públicos externos. Daí o tratamento mais sofisticado, atribuído à comunicação impressa: a revista é produto de maior elaboração, tecnicamente mais artístico, e, logicamente, mais caro. O jornal, voltado essencialmente para os públicos internos, reflete preocupação com o relacionamento humano na empresa; sua morfologia não tem tanta sofisticação, devendo o conteúdo sobrepor-se à forma.

3. LOCALIZAÇÃO GEOGRÁFICA

Jornais

Por estados, a procedência dos jornais é a seguinte:

São Paulo	110	jornais
Rio de Janeiro	25	"
Minas Gerais	8	"
Santa Catarina	6	"
Rio Grande do Sul	4	"
Pernambuco	3	"
Ceará	2	"
Bahia	1	"
Paraná	1	"
Rio Grande do Norte	1	"

O quadro reflete a posição do jornalismo brasileiro nos vários estados da Federação, confirmando, inclusive, as projeções da Associação Brasileira de Editores de Revistas e Jornais de Empresa (ABERJE). O perímetro Rio-São Paulo domina o jornalismo empresarial no Brasil. São Paulo, como o estado mais industrializado e de maior população do país, distancia-se bastante do segundo colocado (Rio de Janeiro), o que é perfeitamente compreensível, não apenas por nele se situarem as maiores indústrias — e, portanto, os maiores contingentes de operários e funcionários — mas também pelo fato de sediar a ABERJE, entidade que marca sua atividade por intensos esquemas de Relações Públicas, tornando-se muito conhecida das empresas.

É interessante observar que o jornalismo empresarial acompanha o ritmo da industrialização dos estados. Assim é que, depois do Rio de Janeiro, os índices maiores pertencem a Minas Gerais, Santa Catarina e Rio Grande do Sul. Pode parecer surpresa o índice de seis jornais para Santa Catarina. No entanto, é preciso observar que a imigração alemã, neste estado, influiu decisivamente na criação de uma mentalidade voltada para o jornalismo empresarial. Na relação de associados da ABERJE, Santa Catarina é o estado do Sul com maior representatividade; e os arquivos do Centro de Pesquisas de Jornalismo Empresarial (CEPEJE), da Proal, indicam que lá existe uma intensa atividade neste setor. Cartas que chegam ao Centro, solicitando informações e estudos técnicos elaborados pelo CEPEJE, são uma amostra representativa do interesse dos catarinenses.

No mais, os índices dos estados do Nordeste refletem a posição dos mais industrializados (Pernambuco, Ceará e Bahia).

Revistas

Esta é a posição das 93 revistas:

São Paulo	71	revistas
Rio de Janeiro	12	"
Minas Gerais	4	"
Rio Grande do Sul	2	"
Pernambuco	2	"
Paraná	2	"

Os números continuam a indicar a superioridade de São Paulo na questão da procedência geográfica, por mais que, na seleção da amostra, tenha havido um esforço no sentido de obter uma maior representação por estados. A representatividade menor por estados pode ser explicada pelo custo da revista, bastante superior ao do jornal. Como São Paulo abriga as maiores empresas (muitas multinacionais, portanto empresas com formação já solidificada em relação à necessidade da comunicação impressa), aí é que se encontram condições mais favoráveis para a aceitação de custos maiores no jornalismo empresarial. O Estado do Rio de Janeiro (englobando o ex-Estado da Guanabara) continua em segundo lugar, Minas em terceiro, aparecendo, em igualdade, os Estados do Rio Grande do Sul, Pernambuco e Paraná. Consideramos, sob todos os aspectos, bastante representativa esta situação, o que confirma, novamente, a região Centro-Sul como portadora de uma mentalidade mais propícia ao desenvolvimento do setor.

4. PERIODICIDADE

Jornais

Mensal	112
Bimestral	36
Quinzenal	5
Trimestral	4
Quadrimestral	2
Semestral	1
Semanal	1

A solução da periodicidade mensal aparece como a mais freqüente, representando quase 70% dos jornais pesquisados, enquanto a periodicidade bimestral, que surge em segundo lugar, corresponde a pouco menos de 1/4 dos jornais. E, aqui, para efeito de análise, entra novamente o fator *custo*. A linha do bom senso sugere que os jornais assumam uma periodicidade mensal, ou seja, o meio termo entre a periodicidade bimestral (que favoreceria a empresa, em termos de custo, mas a prejudicaria substancialmente em questão de atualidade da notícia) e a periodicidade quinzenal (solução mais cara, embora mais benéfica em relação à atualidade jornalística).

Entretanto, há empresas que sacrificam a atualidade de sua publicação em detrimento do fator custo (trimestral — 2,4%, quadrimestral — 1,2%, semestral — 0,6%). Existem também algumas (5 empresas) que adotam uma periodicidade quinzenal.

É claro que esses números deverão ser combinados com outros, indicadores do número de páginas, formato, etc. Pinçados isoladamente, os dados terão um significado; dentro do contexto, possivelmente, significarão outra coisa. Assim é que um jornal quinzenal pode ter apenas quatro páginas, enquanto o jornal semestral pesquisado, 32. Em tese, um jornal de 32 páginas corresponderia a oito jornais de quatro páginas. Na prática, no entanto, devemos considerar o fator atualidade, tiragem e formato conjuntamente. Por isso, muitas vezes, é preferível um jornal menor, com mais atualidade, a um jornal maior, com menos atualidade. A interpretação global, depois de apresentados outros itens da pesquisa, talvez nos ponha em condições de avaliar melhor o problema.

Revistas

Bimestral	45
Mensal	34
Trimestral	13
Semestral	1

Nesta área, a periodicidade bimestral representa, aproximadamente, 50% do total. Quer dizer: a revista, geralmente um canal com maior número de páginas (veremos adiante) aparece mais espaçadamente, de forma a compensar o investimento (maior que o do jornal). Por outro lado, é a revista uma publicação que exige processos mais bem acabados de elaboração, tanto no que diz respeito à programação editorial (textos) como à morfologia (distribuição entre texto-ilustração-espaço em branco, uso de cores) e aspecto gráfico (lay-out, paste-up, uso de tipos gráficos mais bonitos, recursos ilustrativos e técnicos mais artísticos). Mas não existe uma diferença tão grande (como no caso dos jornais) entre os intervalos bimestrais e mensais. O que se pode dizer é que a periodicidade bimestral pertence a revistas com maior número de páginas, ficando o tamanho de 12 e 16 páginas para as revistas mensais. É significativa também a periodicidade trimestral e bastante inexpressiva a semestral.

5. PÚBLICO

Jornais

Interno	124
Externo	34
Mistos	3

Sem nenhuma dúvida, o jornalismo empresarial brasileiro apóia-se, basicamente, no jornal interno, a publicação dirigida a funcionários, fato perfeitamente comprovável pela significativa percentagem de 77%. Da amostra, apenas 34 publicações, ou seja, 21,5%, são publicações externas, sendo bastante inexpressivos os jornais mistos (1,8%). Esta situação permite inferir que os mecanismos de comunicação externa, na empresa, são mais complexos, ampliando o número de canais. Isto é, com um número maior de canais externos, pertencentes a outras áreas que não apenas à jornalística (editoração, publicidade, *marketing,* relações públicas), a comunicação externa diminui o seu número de canais jornalísticos. Ao contrário, a comunicação interna vale-se basicamente do jornal, principal apoio aos programas de relacionamento empresa/empregado. A pouca expressividade da posição mista pode ser explicada assim: as empresas consideram inconveniente atender, com uma só publicação, o público interno e externo.

Revistas

Externo	54
Interno	32
Misto	7

No caso de revistas, há uma inversão. A empresa prefere comunicar-se com o público externo, através de revistas (58,2%). Este dado deve ser avaliado em termos relativos, e não absolutos, pois, como já salientamos anteriormente, os canais de comunicação externa são muito mais variados que os de comunicação interna. Em conseqüência, os canais jornalísticos existem em menor número para a comunicação externa; mas, dentre estes canais (jornais, boletins, revistas) — e é aqui que está a relatividade da situação — a empresa prefere a revista, para se comunicar com os revendedores, acionistas, concessionárias, fornecedores e clientes. Uma explicação viável para o fato é a que mostra o empenho da empresa em se apresentar "mais convenientemente vestida" perante o público externo. A revista é um veículo mais elitizado, sofisticado, limpo. Revela-se, na preferência pela revista, uma preocupação formal com a aparência. A empresa quer vender uma imagem, a sua ideologia, o seu posicionamento. Diferentemente da posição dos jornais, há, em termos proporcionais, uma posição mais favorável à revista mista. Se a empresa decide produzir uma revista para o seu público externo (solução mais cara), aproveita, freqüentemente, esta situação para dirigir um pouco de seu conteúdo ao público interno. E com um pequeno aumento da tiragem consegue realizar a "proeza" de atingir os dois públicos, o que, do ponto de vista de objetivos, é extremamente perigoso. Uma proeza, realmente, porque a revista ou atingirá o público externo, descontentando o interno, ou ocorrerá o contrário, deixando de cumprir suas finalidades.

6. FORMATO

Jornais

37 cm (altura) x 27,5 cm (largura)	50 jornais
32x23	31 "
29x21,5	25 "
40x28	15 "
32x21,5	12 "
28x19	6 "
32x25	3 "
34x24	3 "
26x21	2 "
43x31	2 "
47x32,5	2 "
21x15	2 "
35,5x27	2 "
23,5x16	2 "
32x28	1 "
16x22	1 "
30x14	1 "
86x56	1 "

Aqui estão relacionados 18 formatos diferentes, embora alguns estejam muito próximos de outros. De qualquer maneira, o quadro indica uma situação no mercado do jornalismo empresarial — a situação da completa falta de uniformidade e padronização.

Não existem critérios racionais para os formatos; quando muito, há conselhos das gráficas para ajustar os formatos aos cortes das máquinas. Mas, de um modo geral, as empresas escolhem, a seu bel-prazer, a feição de suas publicações, sem observar a operacionalidade de certos formatos. Esta é, aliás, uma queixa constante das gráficas que trabalham com este mercado: do ponto de vista econômico lhes seria bastante interessante a padronização de formatos e papéis. Mas a individualidade que as empresas querem para suas publicações, a personalização das publicações — que resulta, entre outras coisas, das diferenças de formatos — torna o panorama bastante confuso, disperso, e multiplicam-se infinitamente as feições das publicações.

Na relação acima, fizemos algumas aproximações. Por exemplo: se um jornal apresentasse um formato de 37 x 27,2, aproximaríamos estes números para 37 x 27,5. Os critérios que utilizamos para estas aproximações basearam-se na intensidade de repetições de formatos. E mesmo assim, como se vê, a relação contém 18 formatos diferentes. O de maior constância é o formato "tablóide pequeno", isto é, o tablóide um pouco menor que o convencional (o convencional teria a metade de um jornal de formato-padrão, isto é, uma dimensão de 38,5 x 29; o tablóide do jornalismo empresarial é refilado, isto é, cortado nas margens, o que lhe dá a dimensão de 37 x 27,5 cm — 50 jornais). A segunda posição fica com o chamado tablóide *off-set,* o tablóide de formato revista, cujas dimensões são de 32 cm x 23 cm (31 jornais). O terceiro lugar é um formato próximo ao anterior; o quarto é um tipo de jornal mais alto e, assim por diante, até o maior formato encontrado, o 86 x 56 cm.

Revistas

28 cm (altura) x 21 cm (largura)	60	revistas
27x18	11	"
32x21	6	"
22x16	4	"
29x23	4	"
37x21	4	"
32x25	2	"
34x26	2	"

Tratando-se de revistas, o formato 28x21 (mais ou menos o formato da *Veja,* da Editora Abril), fica com 64,5% (60 revistas) das preferências, vindo em segundo lugar uma revista um pouco menor — 27x18 (um total de 11 revistas, ou seja, quase 12%). Há, no setor, um maior consenso sobre os formatos mais comuns. Ainda assim, os tipos são bastante variados: oito, fora as aproximações que realizamos. De qualquer forma, evidencia-se, comparativamente, o menor formato da revista, oferecendo melhores condições para manuseio e maior facilidade de leitura. Neste aspecto, ganha do jornal.

7. NÚMERO DE PÁGINAS

Jornais

4 páginas	....	59 jornais
8 "	....	44 "
12 "	....	25 "
6 "	....	13 "
10 "	....	6 "
16 "	....	3 "
2 "	....	3 "
24 "	....	3 "
20 "	....	1 "
36 "	....	1 "
32 "	....	1 "
26 "	....	1 "
14 "	....	1 "

Jornais pequenos, do ponto de vista de tamanho (número de páginas), predominam no jornalismo empresarial brasileiro. É o que mostram os números: 59 jornais com quatro páginas, 44 jornais com oito. O fator *custo* é preponderante, diríamos até decisivo, no tamanho dos jornais, refletindo, mais uma vez, a preocupação dos empresários em economizar. Um jornal com 12 páginas já tem um tamanho razoável e o índice de 25 jornais com este tamanho pode ser considerado *bom*. Na segunda fase de nossa pesquisa, tentaremos fazer uma ligação entre o número de páginas e o tipo de empresa, pois nos parece bastante interessante verificar "quem está fazendo o quê, como". Por ora, ficamos no terreno das constatações puras, o que nos permite apenas dizer que os jornais grandes, com 24, 30, 36 páginas, são pouco expressivos no mercado. Pouco expressivos, também, são os jornais que apresentam folhas soltas no miolo (jornais com 6, 10 ou 14 páginas).

Revistas

20 páginas	...	11 revistas
16 "	...	11 "
32 "	...	9 "
36 "	...	8 "
28 "	...	7 "
52 "	...	7 "
24 "	...	6 "
40 "	...	4 "
42 "	...	3 "
12 "	...	3 "
50 "	...	3 "
18 "	...	3 "
34 "	...	3 "
64 "	...	2 "
58 "	...	2 "
70 "	...	1 "
104 "	...	1 "
44 "	...	1 "
26 "	...	1 "
54 "	...	1 "
72 "	...	1 "
30 "	...	1 "
108 "	...	1 "
68 "	...	1 "
60 "	...	1 "
76 "	...	1 "

A mesma observação que fizemos para os jornais vale para as revistas, isto é, predomina no jornalismo empresarial brasileiro a revista pequena, porque os tamanhos que estão nos dois primeiros lugares (20 e 16 páginas) são considerados pequenos. Conciliando este dado com o da periodicidade, podemos dizer que a revista bimestral, pequena, assim como o jornal mensal de quatro páginas, são os principais representantes da imprensa empresarial. Acima de 30 páginas, o tamanho já pode ser considerado médio para este setor do jornalismo especializado. (Na faixa do jornalismo geral — revista de informação — a média supera as 70 páginas.) São bastante inexpressivas as revistas grandes no jornalismo empresarial; com 64 páginas, temos duas; com 70 páginas, uma; com 104 páginas, uma; com 108, uma, entre outros tamanhos.

É de estranhar a imensa gama de tamanhos diferentes no setor de revistas, incrivelmente maior do que no setor de jornais. Encontramos 26 tamanhos diferentes nas revistas pesquisadas, um índice assombroso numa relação de 93 revistas (quase 28%). O fator custo novamente explica a preferência pela revista com poucas páginas. Embora não tenhamos ainda aferido a morfologia das publicações, quase podemos garantir que as revistas grandes, com muita expressão no mercado, são as que se apresentam mais sofisticadamente apresentadas, em policromia. Ao contrário — e ainda em razão do fator *custo* — as menores revistas são as mais modestas, em preto e branco, em papel que não chega a ser de primeira qualidade. Isto é um reflexo da mentalidade empresarial.

8. ANÁLISE GLOBAL

A nossa pesquisa de morfologia, bem como de categorias de mensagem, gêneros jornalísticos, conteúdo e caracterização geográfica de conteúdo, foi feita sobre as seguintes percentagens: 20% do total de jornais e 20% do total de revistas, ou seja, um total de 32 jornais e 18 revistas. A escolha das publicações foi feita por sorteio, dentro de cada grupo. Assim, estabelecemos o limite de jornais e revistas, fizemos uma distribuição por estado, e sorteamos, em seguida.

Foram escolhidos os seguintes jornais e revistas: *Jornais* — *São Paulo*: A União, A Baleinha, Águia, Bosch e Você, Carbide Notícias, Boletim Informativo DOP, Ondas e Estrelas, Caterpillar em Ação, Clã, Entrelinhas, Embraer Notícias, Franjour, Fibras Unidas, Hífen, Ericsson Notícias, Monograma, Noticiário Itap, Panorama, Pãozinho e Basf em Notícias. *Rio de Janeiro*: Montreal Notícias, Notícias Shell, O Jornal da Vale, Quimbrasa e Jornal da Light. *Bahia*: Equipe. *Minas Gerais*: Jornal da Cisa e Noticiário Cimental. *Ceará*: Mensagem. *Paraná*: Copel Informações. *Rio Grande do Norte*: O Telern. *Rio Grande do Sul*: Cotrijornal.

Revistas — *São Paulo*: Sua Boa Estrela, Notícias Pirelli, O Aluminito, Prezado Companheiro, Estrada, O Telhadinho, Milionário, Noti-Sears, Veículo e Atualidades Sanbra. *Minas Gerais*: Alterosa em Revista e Teleco. *Rio de Janeiro*: Petrobrás e Revista Nacional. *Rio Grande do Sul*: Revista Ipiranga e Colher de Chá e *Paraná*: Informativo Bamerindus.

9. ANÁLISE MORFOLÓGICA

O termo *morfologia* tem um significado limitado: o tratado da forma. Assim, abrange aspectos referentes a dimensão, tamanho, apresentação do jornal. Ora, estes aspectos podem ser delimitados através do estudo que compõe a estrutura física da publicação. Estes elementos são: os títulos, o texto e as ilustrações. A morfologia de um jornal pode ser definida como a comparação entre estes elementos.

Para melhor situar o âmbito de cada um, estabelecemos os seguintes limites:

Títulos: Compreendendo as manchetes e os títulos principais, os subtítulos, os intertítulos e os antetítulos.

Texto: A medição do texto compreende o espaço destinado às notícias, reportagens, editoriais, artigos, crônicas e demais tipos de matéria, incluindo as categorias de informação, educação, propaganda e entretenimento.

Ilustrações: Abrangendo as fotografias, *charges,* mapas, desenhos, croquis, organogramas, etc.

Elementos	Total jornais cm/col.	%	Total revistas cm/col.	%	Total geral	%
Títulos/espaço em branco	10.828,5	31,03	11.388,5	28,98	22.217	29,95
Ilustrações	9.278,5	26,58	14.074,5	35,82	23.353	31,47
Texto	14.799,0	42,39	13.830,0	35,20	28.629	38,58
Total superfície impressa	34.906,0	100,0	39.293,0	100,0	74.199	100,0

Esses números levam-nos a fazer as seguintes considerações: o jornalismo empresarial, do ponto de vista morfológico, apresenta-se bastante aberto, com evidente predominância da mensagem icônica. Somando o total de ilustrações ao total de títulos/espaço em branco, teremos um índice de 61,42%, que, analisado globalmente, permite-nos inferir a natureza mais arejada dos jornais e revistas de empresa em relação aos jornais e revistas comerciais.

Podemos perceber que a morfologia do jornalismo empresarial brasileiro, com um possível excesso de espaços em branco e de utilização de títulos sem economia de espaço, mostra uma faceta amadorística. Leve-se em consideração, nesta observação, o fato de que espaços em branco sem bom aproveitamento são fruto, geralmente, da improvisação do diagramador ou de sua falta de maturidade. Publicações amadorísticas são um exemplo.

Por outro lado, podemos também concluir que o posicionamento temporal do jornalismo empresarial — sua periodicidade é mais abrangente, mais espaçada — contribui para a criação de maiores pólos e/ou chamarizes de leitura (considerando-se, neste caso, o título, o espaço em branco circundante ao título, a ilustração, como chamarizes de leitura).

Observamos ainda uma ligeira tendência da revista de empresa para igualar a quantidade de texto à quantidade de ilustrações, e, neste ponto, ela carrega alguma semelhança com a revista de banca. Sob outro aspecto, mostra também a revista como canal menos carregado, mais solto, aberto, arejado. O jornal, por sua vez, imprime maior força ao texto, o que é uma atitude normal e perfeitamente condizente com a sua natureza. O dado surpreendente diz respeito, mais uma vez, à percentagem de títulos e espaços em branco (10.828,5 ou 31,03%), bastante exagerada, principalmente quando a comparamos ao texto (14.799 ou 42,39%). Isto é, por pouco não temos jornais com títulos e espaços em branco iguais ao texto, em quantidade.

Em comparação com as revistas, podemos ainda ressaltar que os jornais, com os seus índices de títulos, espaços em branco e ilustrações, distanciam-se apenas 7 (sete) pontos das revistas, mostrando que a separação morfológica entre o jornal e a revista comerciais é muito maior do que a existente entre as publicações de empresa. Ou os jornais de empresa estão adotando o estilo da revista ou a revista da empresa ainda não conseguiu uma morfologia adequada.

10. ANÁLISE GLOBAL DE CONTEÚDO

Interpretação de Categorias de Mensagem

Que tipos de conteúdo apresenta um jornal como veículo de comunicação coletiva? Esta foi a pergunta que nos colocamos inicialmente, e de cuja resposta dependeria a nossa análise, página por página. Em seus estudos de jornalismo comparado, José Marques de Melo sempre empregou uma terminologia diferente para designar os vários tipos de conteúdo, apresentados por um veículo de comunicação de massa. Em cada termo diferente, observa-se uma preocupação do autor em inovar o próprio repertório dos questionários usados na pesquisa da imprensa comparada.

Assim é que, na pesquisa sobre Jornais Diários de São Paulo, Marques de Melo apresenta os seguintes gêneros de informação, presentes nos jornais: a) notícias (informações atuais a respeito dos mais diversos setores do conhecimento humano, sob a forma de reportagens, entrevistas, editoriais, crônicas, comentários, etc.); b) propaganda (informações persuasivas que se destinam a influenciar os indivíduos para a adoção de atitudes, seja comprar um produto ou aceitar uma idéia); c) entretenimento (seções cuja finalidade principal é a de entreter, divertir, ajudar o leitor a "passar o tempo", como histórias em quadrinhos, palavras cruzadas, curiosidades).

Analisando o conteúdo de cinco revistas semanais ilustradas, Marques de Melo usou a terminologia *categorias de mensagens*, para designar os tipos de conteúdo existentes nas publicações. As principais categorias de mensagens, cita ele, são: *informação jornalística*, *propaganda* e *entretenimento*. O termo *informação jornalística* ocupa o lugar do termo *notícias*. Pelo que sabemos, o mesmo autor já usou também o termo jornalismo, em lugar de informação jornalística, e coloca ao lado das três categorias de mensagens, mais uma: *educação*.

Trata-se, sem dúvida, de um esforço de atualização constante nos estudos de jornalismo comparado. Despertado pelas iniciativas semânticas do professor Marques, procuramos averiguar as razões que poderiam determinar, nos veículos de comunicação de massa, o emprego de categorias de mensagens distintas. Fomos buscar os fundamentos nas funções apregoadas por especialistas para o processo da comunicação.

Começando com Lasswell, vimos que ele atribui para a comunicação as seguintes funções: 1. a vigilância sobre o meio ambiente; 2. a correlação das partes da sociedade em resposta ao meio; 3. a transmissão da herança social de uma geração a outra.

Sobre estas três funções, Charles Wright acrescenta mais uma — o entretenimento — fazendo em torno delas algumas importantes considerações. A detecção prévia do meio ambiente pode ser compreendida como a coleta e a distribuição das informações sobre os acontecimentos do meio ambiente, tanto fora como dentro de qualquer sociedade particular. E este fenômeno pode corresponder ao que se chama de manipulação de notícias.

A correlação das partes da sociedade em resposta ao meio pode ser vista como a atividade de interpretação das informações e orien-

159

tação, que incluem a seleção, avaliação, emissão de juízos de valor em matérias que visem a conduzir o leitor à adoção de atitudes.

E pela terceira função de Lasswell devemos entender a transmissão de cultura — comunicação das informações, valores, normas sociais de uma geração a outra ou de membros de um grupo a outros recém-chegados, que se faz através da atividade educacional.

A função do entretenimento, acrescentada por Wright, compreende os atos comunicativos com a intenção de distrair o leitor, sem qualquer preocupação com os efeitos instrumentais que eles possam causar.

Ora, as duas primeiras funções de Lasswell exprimem essencialmente uma atividade jornalística, manifestada nos atos de captação dos fatos, interpretação dos acontecimentos, emissão de juízo de valor e orientação aos leitores. Podemos verificar claramente que, por trás dessas duas funções, estão o jornalismo informativo, o jornalismo interpretativo e o jornalismo opinativo.

Se considerarmos a atividade educacional como a comunicação de valores, normas sociais, informações de uma geração à outra, podemos então concluir que o veículo de comunicação de massa exerce uma função educativa. A terceira função de Lasswell, aplicada ao veículo de comunicação de massa, seria uma função genérica, global, encobrindo as duas funções anteriores que, por suas características, se aproximam mais de uma categoria funcional que poderíamos chamar de *técnica*.

Roger Clausse nos oferece uma dupla visão de funções: 1) funções de comunicação intelectual e 2) funções psicossociais. Clausse mostra que as funções intelecto-comunicativas são: a) *informação* — descrição pura e simples dos fatos, sejam eles situações, ações, pensamentos e opiniões em todos os campos da atividade humana; b) *formação* — esforço de educação ou de socialização através da organização objetiva, sistemática, metódica e progressiva, conformista ou crítica dos acontecimentos informativos e dos conhecimentos; transmissão de valores e normas estabelecidos e reconhecidos pela maioria; c) *expressão* — criação, produção de valores e normas em todos os domínios do pensamento e da atividade humana, e também esforço de argumentação visando modificar pensamentos, opiniões, atitudes e comportamentos. Ex.: uma campanha contra ou a favor de determinado programa social; d) *pressão* — imposição não escrupulosa de pensamentos, opiniões e comportamentos sociais, através da utilização de técnicas de magia e condicionamento.

As funções psicossociais compreendem, segundo Roger Clausse, a *interação social* (rompimento das barreiras, procura de maior comunhão humana), a *diversão* (recuperação física e mental, após a

160

jornada de trabalho sob tensão; relaxamento) e a *psicoterapia* (o veículo de comunicação de massa contribui para liberar tensões, compensar frustrações. Trata-se, nesse caso, de informação como elemento funcionando para a catarse ou purgação social).

Como se depreende, pela amostra das funções de Roger Clausse, as funções *informação* e *expressão* deixam ver claramente a atividade jornalística; a função *formação* dá a entender um conteúdo da matéria com fins estritamente educacionais; enquanto a função *pressão* indica a publicidade (pressão com fins comerciais) e a propaganda (pressão com fins políticos). As funções psicoterápicas indicam claramente a categoria entretenimento. Vemos, portanto, quatro categorias de mensagens diferentes num veículo de comunicação: o jornalismo, a educação, o entretenimento e a propaganda.

Jacques Leauté estabelece quatro funções para a informação: 1) função *informativa,* equivalente à função informativa classificada por Clausse; 2) função *recreativa,* equivalente ao entretenimento, já identificada pelos autores anteriores; 3) função *pedagógica,* com características semelhantes à função educativa ou formativa (Clausse); 4) função *orientadora,* compreendendo as atividades de avaliação das informações, seleção, emissão de juízo de valor sobre os acontecimentos, com o propósito de orientar os leitores.

Se combinarmos as características das funções apregoadas pelos quatro autores, chegaremos, nos veículos de comunicação de massa, a distinguir pelo menos quatro categorias distintas de matéria: jornalismo, educação, propaganda e entretenimento.

É evidente que a análise mais demorada desses agrupamentos nos mostra, às vezes, pontos de vista bem diferentes. Por exemplo: Charles Wright coloca a propaganda dentro de sua segunda função — interpretação das informações e orientação. Ao empregar o termo *orientação,* Wright vincula-o também às mensagens propagandísticas, com o que não concordam outros autores, que preferem ligar o termo orientar a uma determinada forma de jornalismo, o jornalismo opinativo (editoriais, artigos, crônicas, etc.). Clausse, por sua vez, é bem explícito em distinguir a propaganda de outros tipos de matérias, ao enquadrá-la dentro da função *pressão.*

A única categoria com possibilidade de suscitar alguma dúvida é certamente a *educação.* Já vimos que quase todos os autores se referem a uma função educativa dos veículos de comunicação de massa. Mas, segundo se depreende das suas explicações, esta função educativa não se limita a mensagens específicas, isoladas, de um periódico. O próprio conjunto global de mensagens de uma publicação exerceria uma função educativa, tomando-se por base o conceito de educação: doutrinação firme e definitiva, dentro de um esforço de orientação que tem por finalidade modificar a natureza do educando e não apenas proporcionar-lhe certa quantidade de conhecimentos.

No entanto, encontramos, nos jornais, um determinado conteúdo que pode ser considerado essencialmente educativo: são as mensagens normativas, deliberadamente escritas com o propósito de modelar, modificar o desenvolvimento de aptidões. Neste caso, podemos considerar a existência de uma categoria de mensagem essencialmente educacional, diferente, portanto, do atributo educacional que se tenta firmar para os meios de comunicação de massa. Quer dizer: o termo educação deve ser encarado sob duplo aspecto: de um lado, os canais de comunicação de massa constituem obra educativa, onde o conteúdo do amplo e variado material informativo e documentário vem revestido de atributos culturais; de outro, distingue-se, nas publicações jornalísticas, um certo tipo de matéria normativa, com objetivos preestabelecidos de mudança de atitudes, de desenvolvimento de aptidões, formalmente apresentada em estilo didático e descaracterizada quanto a certos atributos jornalísticos.

Todas estas observações têm o propósito único de justificar, neste estudo específico, o emprego de cinco categorias de mensagens:

— *jornalismo*

— *educação*

— *propaganda*

— *entretenimento*

— *literatura*

A distinção que fazemos entre matérias jornalísticas e matérias educacionais apóia-se essencialmente nos objetivos a que se propõe cada tipo. Enquanto o conteúdo jornalístico é aberto, ilimitado, destinado "a quem possa interessar", o conteúdo educacional em jornal é mais hermético, limitado, destinado "a quem deva interessar". As matérias de orientação doméstica, sobre segurança no trabalho, higiene, assumem muito mais uma natureza normativa educacional do que uma natureza jornalística.

Os textos mensurados como pertencentes à área da Literatura são, por outro lado, bem definidos do ponto de vista de objetivos. São mensagens que visam a apelar para a sensibilidade do leitor, muito mais do que para a sua necessidade de informação. A literatura, como categoria de mensagem presente no jornal, tende a aliviar a carga informativa das publicações, proporcionando o belo estético, a distração, ao mesmo tempo que representa uma opção menos carregada de "fatos empresariais, notícias operacionais", etc. E, em alguns casos, o texto literário é fruto da colaboração de leitores, como os contos, crônicas, poesias.

162

Entretenimento

Observa-se uma preocupação das editorias dos jornais em oferecer conteúdos diversificados, ao contrário da fase inicial do jornalismo empresarial, quando era patente o predomínio da categoria *entretenimento*. Esta categoria de mensagem praticamente se constituiu na razão e na causa determinantes dos primeiros passos do jornalismo empresarial, quando eram comuns as publicações mimeografadas que traziam em todas as páginas colunas com piadas, *charges,* horóscopos, "filmes do mês" com funcionários, curiosidades, etc. O antigo conceito de jornalismo empresarial procurava o entretenimento como objetivo maior a perseguir. E, por mais paradoxal que pareça, isto ocorria numa época em que a necessidade do lazer era quase utópica e a divisão de trabalho não se fazia tão fragmentada pela especialização de função. Hoje, a necessidade do entretenimento (a recuperação física e mental após o trabalho sob tensão, a liberação de tensões) é uma das chamadas "realidades prementes" acolhidas pelo vocabulário da sociedade tecnológica. A comunidade empresarial, engajada na rotina do trabalho administrativo ou no processamento de atividades operacionais, dispõe de espaços muito curtos de tempo para dedicar-se ao lazer. Em duas ou três oportunidades diárias a comunidade descomprime-se através de conversas amenas e brincadeiras. São os intervalos do almoço e os minutos para o lanche ou café. Nada mais positivo, portanto, que o aproveitamento do principal instrumento de comunicação da comunidade empresarial — o jornal interno — para a veiculação de conteúdos de entretenimento.

Propaganda

A *propaganda* é um tipo de conteúdo vital na publicação de massa. Tão importante que sem ela deixa de existir a publicação, enquanto veículo comercial. Ora, na publicação interna de empresa, a propaganda será vital, enquanto considerada como garantia financeira para a existência do veículo. O sucesso de um jornal de empresa deve-se, sobretudo, aos laços que cria junto à comunidade, tornando-se, praticamente, propriedade de todos e para todos, embora financiado pela empresa. Todos os leitores consideram-se donos do jornal e, na medida em que uma publicação veicule publicidade comercial, estará, talvez, "enganando" os seus proprietários, mesmo que se aleguem razões de sobrevivência. Os leitores acham que a empresa pode fazer este investimento, sem ter de recorrer, portanto, a expedientes publicitários.

Esse é apenas um ângulo da questão. O outro diz respeito às próprias leis do anúncio publicitário. Sabe-se que o anunciante seleciona o veículo e que um veículo também pode selecionar os anun-

163

ciantes. Ao anunciante interessa atingir uma assembléia de leitores capaz de garantir a efetividade (compra ou aceitação do produto anunciado) do anúncio. Quais seriam os anunciantes de uma publicação interna? Fornecedores da empresa? Organizações de serviço que trabalham para a empresa? Restaurantes, bares, botecos, boates das proximidades das fábricas ou da região? É difícil responder a estas perguntas de maneira geral, sem estudar caso por caso, empresa por empresa, jornal por jornal.

Ainda assim, aventando-se a possibilidade de veiculação de publicidade num jornal de empresa, é preciso que a própria empresa tome providências específicas para regulamentar a venda dessa publicidade. Isto é, a empresa, na hora em que passar a vender publicidade para sustentar seu jornal interno (coisa que não é sua especialidade), estará não apenas se desviando de suas funções e objetivos, mas "comprando" uma nova atividade que certamente só lhe causará aborrecimentos, pelas razões anteriormente expostas.

Consideramos, então, que a viabilidade da inserção de publicidade em jornal interno de empresa depende da própria natureza do anúncio. E, aqui, chegamos à mesma conclusão a que chegaram alguns jornais internos de empresa: é viável a veiculação de publicidade sob a forma de anúncio classificado gratuito, cujo anunciante seja o funcionário.

Regra geral, o anúncio classificado em jornal interno de empresa rege-se pelos seguintes princípios: 1) qualquer funcionário pode enviar o seu anúncio para a redação do jornal; 2) ele deve escrever no próprio papel em que escreve o anúncio, o seu nome, seção ou departamento em que trabalha, a fim de evitar que outras pessoas se possam beneficiar da coluna; 3) a redação copidesca o anúncio, colocando apenas as informações básicas e evitando a identificação do anunciante dentro da empresa. O nome do anunciante ou da pessoa interessada no negócio aparece, mas localizada em endereço fora da empresa. A empresa proíbe terminantemente a realização de negócios em seu interior.

Regido por estas normas, o *anúncio classificado* assume a natureza de *serviço de utilidade pública*, favorecendo os membros da comunidade. É interessante observar também que o *classificado* na empresa denota com bastante eficiência a complexidade do sistema empresarial, a divisão do trabalho, a especialização funcional. Isto é, em empresas de pequeno porte, onde se verifica pequena divisão de trabalho e pouca especialização, a comunidade tem mais características de grupo do que de massa, podendo-se neste caso, dimensionar os limites da audiência e apontar os membros que a compõem. Seria desnecessária a inserção de anúncio classificado num jornal de empresa deste porte. Por outro lado, a empresa de grande porte tem um público heterogêneo, disperso e até anônimo, sobretudo quando espalhado em grandes unidades geograficamente separadas. Esta comunidade assume todas as características do público de massa e os efeitos de um anúncio classificado no jornal interno são idênticos aos efeitos de um anúncio semelhante numa publicação de massa. Enquanto os negócios publicitários podem ser contatados pessoalmente nas empresas de pequeno porte, são anunciados publicamente nas empresas de grande especialização.

Verifica-se, também, que a variedade do produto anunciado denota o grau de especialização dos grupos. É certo que, se uma empresa de engenharia possuísse um jornal interno, os funcionários — caso anunciassem — apresentariam produtos condizentes com sua posição profissional e seu *status* social (carros, máquinas e objetos eletrônicos, réguas e mesas de cálculos, só para dar uma idéia). Uma grande empresa comporta uma coleção de indivíduos de diferentes *status* e posições profissionais. Essa coleção, sem dúvida, vai aparecer no próprio anúncio classificado.

O anúncio classificado, como serviço de utilidade pública, será, sem dúvida, mais um tipo de conteúdo a se firmar nas programações dos jornais internos de empresas, principalmente nas publicações de empresas de grande porte.

No jornalismo empresarial, a propaganda não deve ser incluída apenas no veículo interno. Pelo contrário, é noutro tipo de veículo, com objetivos mercadológicos — o externo — que ela encontra sua verdadeira dimensão. Há, realmente, um certo tipo de publicação empresarial, onde os objetivos comerciais sobrepujam os editoriais. O desenvolvimento desse tipo de publicação é bastante recente em relação à publicação interna. São revistas dirigidas ao público externo e, dentro dele, a públicos específicos, tendo, pois, uma circulação estritamente vertical.

A partir do momento em que as empresas transformaram esse tipo de publicação em instrumento promocional, ele passou a adquirir um nítido conteúdo mercadológico. O objetivo da empresa, ao editar um veículo externo, é exatamente este: fazer com que ele ajude direta ou indiretamente o esforço de venda. Fica evidente que a publicação assume um caráter comercial, convertendo-se numa espécie de grande anúncio mensal ou bimestral da empresa. É um anúncio colorido, na maioria das vezes, caro — como mostra muito bem a revista *Sua Boa Estrela,* da Mercedes-Benz — e distribuída de forma controlada a uma assembléia de leitores previamente escolhidos.

É praticável, nesse tipo de canal, a veiculação de publicidade selecionada de fornecedores de empresa, embora cada caso deva ser estudado isoladamente, averiguando-se os reais objetivos da publicação. Há empresas que preferem arcar com todas as despesas de

165

elaboração de uma revista deste porte — é o caso da maioria — sob o argumento de que "prestígio se defende com forças próprias", sendo desnecessária a colaboração de outras empresas. Por isso, a revista evita anunciar fornecedores ou outras entidades.

Finalmente, há um terceiro grupo de publicações, onde a publicidade tem importância vital para a própria continuidade das edições. São publicações que representam um *pool* de empresas. Há casos em que os públicos específicos de várias empresas coincidem, mesmo que fabriquem produtos diferentes e não competitivos. Nesta hipótese, é bastante viável para o grupo de empresas utilizar um veículo próprio, único, em lugar de recorrer às revistas de caráter comercial. As empresas unem-se em entidades, associações ou sindicatos. Esta entidade passa a editar a publicação, que apresentará anúncios de todas as empresas reunidas. De um lado, a empresa editora reduz os custos operacionais da revista, veiculando anúncios de empresas não concorrentes; de outro, todas as empresas servem-se de um canal que vai atingir, segura e controladamente, um público que lhes interessa, a um custo de inserção evidentemente mais baixo do que o das revistas com fins lucrativos.

Em resumo, podemos tirar as seguintes conclusões:

1. Tendência do jornalismo empresarial, através de publicações internas: implantação definitiva do anúncio classificado como forma de serviço de utilidade pública;

2. Tendência do jornalismo empresarial, através de publicações externas: adoção dos princípios comerciais da publicidade em canais editados por entidades que representam empresas reunidas em grupo.

11. A VENDA DA PUBLICAÇÃO

Não são poucos os editores que chegam a sugerir a venda da publicação como forma de atenuar os custos. A empresa, qualquer que seja a sua especialidade, também quer aplicar sobre o seu canal impresso as normas de economia de custos impostas a todas as suas atividades. A experiência de países vendedores de jornais de empresa parece não ser das melhores. Embora haja uma tendência geral em favor da gratuidade, a venda da publicação foi posta em prática na Inglaterra, na França e nos Estados Unidos. A Inglaterra, único país que adotava a venda de publicações em larga escala, viu diminuir gradativamente as suas percentagens de veículos pagos. Na França existem algumas publicações empresariais que são vendidas, mas a venda encontra sérios entraves, em razão do controle exercido por uma comissão ligada ao Ministério da Informação.

Nos Estados Unidos, a revista *Forum*, da General Electric, distribuída habitualmente entre os líderes intelectuais e consagrada aos problemas científicos, viu surgir uma demanda tal de público que seus editores tiveram que se valer de um preço de venda, orçado em 50 *cents,* a fim de cobrir principalmente os gastos com o aumento da tiragem.

É possível que uma publicação de luxo, do tipo revista de prestígio, com uma boa programação editorial, possa ser vendida a uma assembléia selecionada. O que não se admite pelo menos por enquanto — é a venda de publicações internas de empresa, ainda consideradas uma oferta da empresa à comunidade. A venda de publicações internas, no entanto, pode ocorrer no seguinte caso: quando a empresa não investir na publicação, deixando que a associação de funcionários (sociedade, grêmio, clube, etc.) fique com a responsabilidade da edição. Nesta hipótese, o grêmio pode perfeitamente cobrar uma taxa para cobrir os gastos, e certamente a comunidade compreenderá o alcance da medida.

12. DECOMPOSIÇÃO DAS CATEGORIAS DE MENSAGEM EM 32 JORNAIS E 18 REVISTAS

	Jornais	%	Revistas	%	Total	%
Jornalismo	32.148	92	37.379	95,1	69.527	93,8
Propaganda	400	1,2	10	0,1	410	0,5
Educação	582	1,6	204	0,5	786	1,0
Entretenimento	1.177	3,4	903	2,3	2.080	2,8
Literatura	599	1,8	797	2,0	1.396	1,9
TOTAL	34.906	100,0	39.293	100,0	74.199	100,0

Em primeiro lugar, é importante observar o equilíbrio da categoria de mensagem *jornalismo,* tanto no jornal como na revista. A percentagem é praticamente a mesma (92% para os jornais e 95,1% para as revistas), com ligeira tendência de aumento para os jornais, fato explicável pela inserção de anúncio classificado nos jornais internos, que aparecem como um serviço de utilidade para os funcionários. A revista, como veículo mais sofisticado, evita essa faixa de conteúdo. Mas o fato de maior significação aparentemente é o baixo percentual de matérias educativas. O jornalismo empresarial, por sua natureza e objetivos, deveria tender para a orientação dos funcionários, numa perspectiva educacional ampla, já que os jornais e revistas assumem com ênfase o papel de veículos formadores e ilustradores das comunidades empresariais.

A baixa percentagem dos temas de educação (1,6% para jornais e 0,5% para revistas) pode ser interpretada, sob outro aspecto, como um modo de as publicações fugirem aos conteúdos essencialmente descendentes, sabendo-se que as matérias do tipo segurança industrial, higiene, culinária, orientação doméstica, representam algo formal, rígido, direto. Altas percentagens desses tipos de matérias poderiam dar às publicações de empresa um caráter mais formal ou um aspecto de "apostila" de ensinamentos, o que, sem dúvida, amorteceria o impacto jornalístico, tornando-as fechadas e sem vida. Não se nega, contudo, a importância desse tipo de mensagem para a formação profissional e mesmo pessoal ou doméstica das famílias.

O índice de matérias de entretenimento é bastante razoável (3,4% para os jornais e 2,3% para as revistas), sobretudo se considerarmos o pequeno número de páginas das publicações. Geralmente, o entretenimento ocupa páginas inteiras, dedicadas aos horóscopos, quebra-cabeças, colunas de xadrez, quadrinhos (quadrinhos aplicados à realidade da empresa, em alguns casos), curiosidades, passatempos. No cômputo geral, o entretenimento aparece em segundo lugar, também como uma espécie de "gancho de leitura", motivação para o leitor. Em alguns jornais de empresa, podemos até nos arriscar a dizer que as páginas de entretenimento representam o foco mais importante de leitura, já que outras páginas não oferecem atrativos.

Observamos igualmente uma ligeira tendência de aumento do conteúdo literário nas publicações de empresa. Este conteúdo se reflete, sobretudo, na veiculação de contos, crônicas e poesias, de colaboração dos leitores ou mesmo de autores nacionais famosos. A categoria literatura representa, na verdade, uma tentativa de ilustração literária do leitor. As percentagens parecem razoáveis (1,8% nos jornais e 2,0% nas revistas), levando-se em consideração o número pequeno de páginas das publicações. As revistas, com mais espaço, e periodicidade mais distante, são o veículo mais adequado para veicular literatura.

13. ANÁLISE DE GÊNEROS

Esta análise tem o propósito de quantificar os gêneros jornalísticos empregados pelo jornal. Com base nas funções da informação, podemos extrair três gêneros jornalísticos:

— jornalismo informativo
— jornalismo interpretativo
— jornalismo opinativo

O jornalismo informativo é aquele que se aproxima, ao máximo, dos comunicados que, segundo Hayakawa, excluem, na medida do possível, as inferências e julgamentos. As matérias inseridas neste gênero identificam-se com os *flashes* noticiosos, as notícias e reportagens comuns, que tenham como produto básico o relato puro dos acontecimentos.

O jornalismo interpretativo é aquele que vai ao encontro do noticiário de profundidade, relatando os fatos dentro da moldura da vida, demonstrando seu sentimento, dando perspectivas aos acontecimentos. É também conhecido como jornalismo explicativo, o jornalismo das análises e explicações.

O jornalismo opinativo agrupa as mensagens que objetivam orientar, persuadir ou influenciar a conduta, aproximando-se da linguagem inferencial e de julgamento: editoriais, crônicas, artigos, enfim, o acervo de matérias, onde esteja claramente impressa a opinião do autor.

DECOMPOSIÇÃO DOS GÊNEROS JORNALÍSTICOS EM 32 JORNAIS E 18 REVISTAS

	Jornais	%	Revistas	%	Total	%
Jornalismo informativo	25.137	78,1	27.526,5	73,6	52.663,5	75,7
Jornalismo interpretativo	5.212	16,2	9.265,5	25,7	14.477,5	20,8
Jornalismo opinativo	1.799	5,7	587,0	1,7	2.386,0	3,5
TOTAL	32.148	100	37.379	100	69.527	100

Aparentemente, as revistas são muito menos interpretativas do que deveriam. Embora haja uma porcentagem maior de matérias interpretativas entre as revistas (24% em relação a 16% nos jornais), a proporção não é tão marcante a ponto de definir um estilo, e o crescimento das matérias interpretativas parece dever-se muito mais à diminuição das matérias opinativas do que à das matérias informativas (há 5,5% de matérias opinativas nos jornais e apenas 1,5% nas revistas). O predomínio das matérias informativas permanece absoluto, aliás, tanto nos jornais como nas revistas.

Esse predomínio parece incoerente por vários motivos. Em primeiro lugar, como o jornal (principalmente o jornal) e a revista de empresa têm periodicidade mais espaçada, eles não deveriam estar tão preocupados com a notícia pura e simples como os jornais diários e as revistas semanais. Além de existir o problema do distanciamento temporal entre o fato e a publicação da notícia (que quase sempre acaba por desacreditar o veículo junto ao leitor, ao noticiar o que todo mundo já está cansado de saber), há ainda o fato de que o maior espaço de tempo proporcionaria ao jornalista empresarial maiores oportunidades de melhorar a notícia, interpretando-a e enriquecendo-a.

O mesmo aspecto do tempo se repete no espaço. Como as revistas dispõem de espaço maior, elas têm oportunidade de conter maior número de matérias interpretativas, o que parece não ocorrer. O problema, se existe em relação aos jornais, agrava-se em relação às revistas, devido às circunstâncias espaciais.

A quase inexistência de matérias opinativas, tanto nos jornais como nas revistas, talvez seja reflexo do seguinte receio (ou excesso de prudência) do jornalismo empresarial brasileiro: abrir polêmicas. Evitar pontos de vista divergentes parece ser uma das características do nosso jornalismo empresarial, perfeitamente refletida na pequena porcentagem de matérias opinativas. Seria interessante realizar uma pesquisa para apurar quantos por cento dessas poucas matérias opinativas correspondem a editoriais. Provavelmente verificaríamos que não existem artigos ou cartas de leitores (exceto as de elogio) em nosso jornalismo empresarial: o jornalismo opinativo existente entre nós é praticamente o dos editoriais.

14. CATEGORIAS DE MENSAGEM

Conteúdo da Informação Jornalística

O passo seguinte em nossa análise foi o de quantificar o conteúdo das informações jornalísticas. Um primeiro problema surgiu: como classificar a informação jornalística de um jornal ou revista de empresa? Que tipos de assuntos poderemos selecionar como merecedores de um rótulo esquemático? Chegamos, então, a uma conclusão: elaboraríamos o nosso esquema, a partir de três classificações já existentes, que funcionaram, assim, como idéia básica.

Em primeiro lugar, procuramos observar o esquema do CIESPAL, empregado na pesquisa "Dos Semanas en la Prensa de América Latina". O segundo esquema observado foi o de Joffre Dumazedier, segundo ele "inspirado nas categorias de análise da vida cotidiana e na classificação funcional do lazer". O terceiro esquema foi o de José Marques de Melo que, aliás, é o esquema de Dumazedier com alterações.

Ora, os três esquemas que nos serviram de base, como os seus próprios autores reconhecem, são utilizáveis principalmente para um estudo dos veículos de comunicação de atualidades. Sendo assim, optamos por um esquema que poderemos chamar de "especializado", delineado pela própria leitura das edições analisadas, onde verificamos as maiores ou menores freqüências de categorias de matérias. Depois da identificação da freqüência das categorias de matérias, fizemos uma correlação com os esquemas Dumazedier, CIESPAL e Marques de Melo. Para que tenhamos uma idéia geral destes três esquemas, aqui estão eles:

A) *Classificação do CIESPAL*

A classificação do CIESPAL compreende dez tipos de matérias, cada um deles divididos em tantas categorias de assuntos quantas necessárias para uma completa apreciação do conteúdo de cada matéria. As informações mistas que, por sua natureza, não poderiam classificar-se dentro dos dez grupos assinalados, se incluem nos Assuntos Vários.

I — *Assuntos de Caráter Internacional*

— Assuntos internacionais em geral
— Política internacional do país
— Assuntos internacionais de influência no país
— Defesa continental
— Armas atômicas
— Assuntos de política interna de interesse para o país de origem

II — *Assuntos Administrativos e de Política Interna*

— Política interna
— Governo e administração do país
— Assuntos municipais e vida comunitária
— Assuntos legislativos
— Assuntos militares e de defesa
— Revoluções
— Motins e distúrbios públicos

III — *Assuntos Econômicos e Financeiros*

- Assuntos econômicos e financeiros
- Assuntos industriais
- Assuntos agropecuários
- Assuntos monetários e bancários
- Transportes e telecomunicações
- Assuntos turísticos e viagens
- Desenvolvimento de recursos naturais
- Ajuda internacional e empréstimos
- Preços e tarifas

IV — *Bem-Estar Público e Problemas de Ordem Social*

- Assuntos de ordem social em geral
- Segurança social e benefícios sociais
- Assuntos corporativos sindicais
- Assuntos trabalhistas
- Saúde Pública
- Problemas indígenas
- Atividades Cívicas
- Planos de habitação

V — *Educação, Ciências e Cultura*

- Ensino e Educação Pública
- História e Biografia
- Assuntos literários e artísticos
- Progressos científicos
- Divulgação científica e tecnológica
- Vôos espaciais
- Ciência e Cultura em geral

VI — *Religião e Cultos*

- Assuntos religiosos em geral
- Programas de ajuda e beneficência religiosa

VII — *Esportes, Espetáculos*

— Esportes
— Espetáculos em geral

VIII — *Conduta Anti-Social, Desastres*

— Delinqüência e crônica policial
— Conduta anti-social juvenil
— Alcoolismo
— Relações raciais
— Catástrofes, acidentes

IX — *Meios de Comunicação Coletiva*

— Jornalismo em geral
— Imprensa
— Rádio
— Cinema
— Televisão

X — *Informação Prática, Amenidades Sociais*

— Assuntos e informações práticas
— Vida social, assuntos pessoais
— Assuntos sentimentais
— Distrações, passatempos
— Historietas gráficas
— Tiras cômicas

XI — *Assuntos Vários*

— Informações mistas não classificadas nas categorias
anteriores.

B) *Esquema Dumazedier*

1. Política, religião, problemas sociais, trabalho
2. Família, crenças, moda

3. Crimes, catástrofes, delinqüência
4. Ciências e técnicas
5. Animais e paisagens
6. Artes e literatura
7. Rádio, cinema, televisão e esportes
8. Jogos, humor, horóscopo
9. Folhetins
10. Notícias telegráficas, *flashes*
11. Publicidade

C) Esquema Marques de Melo

O esquema utilizado por Marques de Melo é o de Dumazedier, com "pequenas alterações".

1. Política, religião, problemas sociais
2. Economia, administração pública
3. Família, crianças, moda, culinária
4. Crimes, catástrofes, delinqüência
5. Ciências e técnicas
6. Animais, plantas, paisagens
7. Artes e literatura
8. Imprensa, rádio, TV, cinema
9. Esportes
10. Folhetins
11. Memórias, depoimentos
12. Notícias telegráficas, *flashes,* manchetes
13. Correspondência de leitores
14. Sociedade
15. Outros

Com base nesses esquemas anteriores, observamos criteriosamente o tipo de assunto mais freqüente em cada página das edições analisadas. Fomos elegendo o nosso roteiro de temas e procurando escolher novos rótulos, de acordo com as descobertas temáticas. Elaboramos, assim, o seguinte esquema:

1. Tecnologia industrial
2. Informações normativas e funcionais
3. Artes, literatura e ciências
4. Programas de ajuda e benefícios
5. Esportes, festas, atividades clubísticas, espetáculos
6. Retratos pessoais, histórias de interesse humano
7. Economia, administração, expansão empresarial
8. Problemas sociais, política, religião
9. Promoções nacionais, estaduais, municipais
10. Catástrofes, acidentes, necrologia
11. Plantas, animais
12. Turismo, cidades, recantos e paisagens turísticas
13. Família, crianças
14. Correspondência de leitores
15. Meios de comunicação
16. Outros

Os diversos tipos de matéria utilizados nesta análise talvez possam ser agrupados sob três grandes rótulos: matérias descendentes (cuja origem está na direção da empresa e visa atingir os funcionários), matérias ascendentes (cuja origem encontra-se nos próprios funcionários) e matérias sobre assuntos gerais. Na primeira estão incluídas as matérias dos tipos "tecnologia industrial", "instruções normativas e funcionais", "programas de benefícios" e "economia e expansão empresarial". Na segunda, as dos tipos "esportes, festas, atividades clubísticas", "retratos pessoais e histórias de interesse humano" e "correspondência de leitores". Sob o terceiro rótulo, todas as demais matérias.

Evidentemente, essa classificação não é rígida e pode acontecer (é provável que aconteça) o caso de as matérias não se enquadrarem devidamente sob o rótulo em que foram classificadas. Mas, genericamente, a divisão serve para efeitos de raciocínio.

Usando este recurso classificatório, constataremos que as matérias do grupo descendente são a maioria no caso das revistas, com 43,8% (em primeiro lugar tecnologia industrial com 29,3%), vindo em seguida o grupo de assuntos gerais, com 30,1% (em primeiro lugar, "turismo, cidades e países", com 11%) e finalmente as matérias ascendentes, com 26,1% (em primeiro lugar, "retratos pessoais, histórias de interesse humano"). Fica assim evidenciada a forte caracterização descendente das revistas, que ganha reforço ainda maior quando consideramos que muitas das matérias de retratos

DECOMPOSIÇÃO DE 32 JORNAIS E 18 REVISTAS SEGUNDO O CONTEÚDO

	Jornais	%	Revistas	%	Total geral	%
Tecnologia industrial	5.766	17,7	10.982	29,3	16.748	24,1
Instr. normat. e funcionais	1.034	3,0	646,5	1,7	1.680,5	2,5
Artes e literatura	2.003	6,0	1.843	4,9	3.846	5,5
Ciências, cultura	1.802,5	5,0	1.379	3,6	3.181,5	4,5
Programa de benefícios	3.148,5	9,5	2.329,5	6,2	5.478	7,8
Esportes, festas, ativ. club.	4.957,5	15,2	3.892,5	10,4	8.850	12,7
Retratos pessoais, hist. int. hum.	3.644,5	11,1	5.415	14,4	9.059,5	13,0
Economia, adm., exp. empresarial	3.264	9,9	2.486	6,6	5.750	8,2
Promoções nac., est. e munic.	318	0,7	26	0,06	344	0,5
Probl. sociais, polít., rel.	646,5	1,8	1.101	2,9	1.747,5	2,6
Plantas, animais	718	2,0	1.125	3,0	1.843	2,7
Catástrofes, acidentes, necrologia	843	2,4	208	0,5	1.051	1,5
Família, crianças	—	0,0	—	0,0	—	0,0
Turismo, cidades, países	1.782,5	5,8	4.285	11,0	6.067,5	8,7
Correspondência de leitores	488	1,3	495	1,3	983	1,5
Meios de comunicação	1.732	5,1	1.150,5	3,2	2.882,5	4,1
Outros	—	0,0	15	0,04	15	0,02
TOTAL	32.148	100,0	37.379	100,0	69.527	100,0

pessoais e histórias de interesse humano se referem a pessoas ligadas à direção ou à alta administração da empresa. O único tipo de matéria que realmente parte espontaneamente do leitor, as cartas, fica com uma porcentagem irrisória, de 1,3%

Nos jornais, aparece uma diminuição na porcentagem de matérias descendentes (40,1%, continuando em primeiro lugar "tecnologia industrial", com 17,7%). Por outro lado, acontece um pequeno aumento na porcentagem deste grupo (27,6%, surgindo em primeiro lugar o tipo "esportes, festas, atividades clubísticas"). Quem perde mais é o terceiro grupo, de assuntos gerais, que cai para 32,3%, com o primeiro lugar para o tipo "artes e literatura" (6%). Isto se deve, evidentemente, às pretensões mais sofisticadas e de atingir maior diversidade de leitores encontrada nas revistas empresariais, em contraste com os jornais. Novamente, as cartas dos leitores aparecem com uma porcentagem de apenas 1,3%.

Não deixa de ser significativa a queda observada nos jornais em relação às revistas do tipo "tecnologia industrial" (17,7% contra 29,9%), o que mais uma vez demonstra as intenções das revistas de "vender" uma imagem da empresa, enquanto os jornais são muito mais voltados para o funcionário. As "instruções aos funcionários (de 1,7% para 3%), os programas de benefícios (de 6,2% para 9,5%) e os problemas de economia e expansão da empresa (de 6,6% para 9,9%) apresentam ganhos significativos. E isto representa muito: embora a comunicação descendente continue prioritária nos jornais, ela tem como objetivo o funcionário, e não o público externo. O objetivo maior é antes fazer com que o funcionário receba informações (e, no caso das matérias sobre expansão empresarial, entusiasmo para aumentar a produção), do que "vender" uma imagem positiva da empresa.

De qualquer maneira, apesar do aumento verificado nos jornais, tanto nestes como nas revistas, as matérias ascendentes (que nem sempre são ascendentes, como já foi observado) estão sempre em último lugar na divisão dos três grandes grupos. E sempre em torno de apenas 1/4 do material publicado. No cômputo geral de jornais e revistas, as matérias do grupo descendente aparecem com 42,6% do total, as de interesse geral com 30,2% e as de comunicação ascendente com apenas 27,2%. Esta situação parece merecer correção, para que os funcionários possam ter uma chance de aparecer com mais eqüidade, como fonte de informação, do que tem acontecido, segundo demonstra este estudo.

15. CONTEÚDO DA PROPAGANDA

Conforme salientamos anteriormente, a propaganda na publicação interna da empresa não se orienta no sentido comercial, diferindo do anúncio veiculado pela grande empresa. No entanto, não podemos deixar de observar semelhanças entre o *classificado* da grande imprensa e o *classificado* da publicação interna.

Sem dúvida, ambos são pequenos anúncios de oferta e procura de bens, utilidades e serviços, feitos geralmente por particulares e veiculados em seções especializadas. A única diferença, como já vimos, está na questão do pagamento. O classificado da publicação interna assume funções de utilidade pública (comunitária), tendo em vista sua inserção gratuita. O funcionário envia seu anúncio e este certamente será veiculado.

O esquema de conteúdo que elaboramos apoiou-se, mais uma vez, na leitura prévia dos jornais. De acordo com a maior freqüência temática, relacionamos os seguintes itens propagandísticos:

1. Produtos automobilísticos
2. Imóveis/materiais de construção
3. Máquinas, ferramentas, objetos de arte, bijuterias
4. Mercado de trabalho
5. Animais, plantas
6. Móveis e decoração
7. Comunicação e lazer
8. Outros

Em alguns casos, como fica evidente, optamos pelo agrupamento de temas, tendo em vista sua correlação. Noutros procuramos juntar itens que, embora aparentemente não tenham relação, oferecem, sob certo ponto de vista, alguma correlação.

DECOMPOSIÇÃO DE 32 JORNAIS E 18 REVISTAS SEGUNDO O CONTEÚDO DA PROPAGANDA

	Jornais	%	Revistas	%	Total geral	%
Produtos autom.	157	39,2	—	0,0	157	38,2
Imóveis/mat. constr.	7	1,7	5	50	12	2,9
Máquinas, ferram., objetos	24,5	6,1	2,5	25	27	6,5
Mercado de trabalho	—	0,0	—	0,0	—	0,0
Animais, plantas	—	0,0	2,5	25	2,5	0,26
Móveis, decoração	15	3,7	—	0,0	15	3,6
Comunicação/lazer	3,5	0,8	—	0,0	3,5	0,8
Outros	193	48,5	—	0,0	193	47,4
TOTAL	400	100	10	100	410	100

Como já vimos, em termos de jornais e revistas empresariais com público interno, a propaganda praticamente se resume aos anúncios classificados, que aparecem então quase como serviço de utilidade pública para os funcionários da empresa, que deles se utilizam para a realização de seus negócios. A divisão feita em diversos itens praticamente especifica os tipos de produtos anunciados nos classificados. Sob o rótulo *outros* se incluem também os anúncios institucionais, inclusive os de inspiração governamental, o que talvez explique a alta porcentagem alcançada por este item (47,4%). Como anúncios institucionais, colocam-se, por exemplo, os *slogans* tais como "sabendo usar não vai faltar", "economize hoje para não faltar amanhã", referentes à crise energética e que foram encontrados em vários jornais analisados para esta pesquisa.

Quantitativamente, a propaganda é de importância mínima no jornalismo empresarial: apenas 0,5% do total publicado por jornais e revistas. E, se chega a tanto, é devido exclusivamente aos jornais, nos quais a porcentagem da propaganda atinge 1,1% (em função especialmente de alguns veículos que já têm os classificados como tradição, sendo bastante usados pelos seus funcionários), já que entre as revistas, a participação da propaganda praticamente inexiste: 0,05 por cento.

Analisando o tipo de produto que se anuncia nos classificados, notamos que os automobilísticos ocupam uma folgada liderança, com 38,2% do total (mas, quando se exclui os "outros", esta liderança fica mais evidente, alcançando a porcentagem de 72% do total). Este fato reflete certamente a realidade social das poucas empresas cujos veículos empresariais mantêm os classificados como instituição consagrada, a qual, no entanto, não pode ser generalizada em relação às outras que tiveram seus jornais e revistas analisados nesta pesquisa.

A pequena quantidade de material disponível para análise, no caso da propaganda, não nos permite chegar a muitas conclusões estatisticamente legítimas. É possível que, baseados em outra amostragem, chegássemos a resultados completamente diferentes, e isto impossibilita qualquer generalização.

16. CONTEÚDO DA EDUCAÇÃO

Como explicamos na parte inicial deste trabalho, procuramos apoiar a categoria de mensagem *educação* em determinados tipos de matérias, das quais pudéssemos extrair um proveito direto e benéfico. Encontramos nas edições analisadas algumas matérias com objetivos inclusive didáticos, normativos, e fizemos seu enquadramento dentro da categoria educação. O nosso esquema ficou assim:

1. Segurança
2. Higiene e saúde
3. Orientação profissional, conselhos úteis e orientação prática
4. Moda, culinária, orientação doméstica
5. Outros

De acordo com esse esquema, fizemos a decomposição quantitativa.

DECOMPOSIÇÃO DO CONTEÚDO EDUCATIVO EM 32 JORNAIS E 18 REVISTAS

	Jornais	%	Revistas	%	Total geral	%
Segurança	252	43,2	—	0,0	252	32
Higiene/saúde	25	4,2	—	0,0	25	3,1
Orientação prof.	172	29,5	204	100	376	47,8
Moda/cul./orient.	133	23,1	—	0,0	133	17,1
TOTAL	582	100	204	100	786	100

Impressiona o fato de que, nas revistas, a totalidade do material educacional está enquadrada na classificação "orientação profissional, conselhos úteis e orientação prática". Pode-se especular a respeito das causas desse fato, de certa forma surpreendente. Uma explicação talvez seja a tentativa de se dar às revistas empresariais as características de uma revista de público geral. Mais bem cuidadas, gráfica e redacionalmente (em comparação com os jornais), as revistas empresariais muitas vezes podem ser lidas por qualquer tipo de público. As próprias empresas emprestam à revista um caráter mais externo (ou pelo menos misto) do que interno. Trata-se de um veículo que pode eventualmente atingir mais do que funcionários apenas. E talvez por isso elas concentrem suas matérias educacionais (que são menos da metade do total aferido nos jornais) num terreno mais genérico, que é o da orientação profissional, conselhos úteis e orientação prática (como tirar carteira de motorista, o que é o PIS, como sacar o dinheiro do FGTS, por exemplo). Esse tipo de matéria pode interessar a um público mais amplo, e não exclusivamente aos funcionários. Talvez por esta razão as revistas empresariais o prefiram.

Ainda sobre a quantidade de matérias educativas nas revistas (quase três vezes menor do que a quantidade publicada pelos jornais, apenas 1/4 do total geral) e sua concentração sob a classificação de conselhos úteis e orientação prática: exatamente por oferecer maiores possibilidades de espaço e elaboração, as revistas empresariais poderiam prestar serviço de grande utilidade para os funcionários, publicando maior número de matérias educativas. Dentro da definição de educação tem lugar importante a tarefa que dela se espera de fazer com que os educandos aprendam a agir de determinada maneira. Por exemplo: alunos de um curso de segurança devem saber como agir de acordo com as normas de segurança, e não apenas ter noções sobre segurança. Oferecendo mais espaço, as revistas poderiam abrigar mais ilustrações sobre como se deve processar a ação: fotos, desenhos, esquemas.

As revistas possibilitam a plena utilização dos recursos visuais, muitas vezes restritos nos jornais, pela falta de espaço. A possibilidade de maior elaboração das matérias (inclusive em termos temporais, pois muitas vezes a periodicidade das revistas é mais espaçada do que a dos jornais) também permitiria às revistas um tratamento mais didático para as matérias educativas. Diversos jornais de empresa já publicaram cursos a respeito de segurança, por exemplo, em que se reproduziam capítulos de apostilas. Isto pode ser evitado quando se dispõe de mais tempo para elaborar o material. Ao invés do caráter professoral e academicista, no estilo de aulas, as matérias educativas numa revista empresarial podem assumir uma forma menos pesada, mais digerível, até com pitadas de entretenimento, o que possivelmente será mais efetivo em termos de aprendizagem.

Concluindo a análise dos números referentes às matérias educativas nas revistas, podemos afirmar: elas estão sendo mal e pouco aproveitadas. As revistas empresariais poderiam servir muito mais ao seu público, se destinassem maior espaço para as matérias educativas sobre segurança, higiene e saúde, entre outros, e se lhes dessem um tratamento diferente do habitual estilo de aulas tradicionais transcritas para o papel.

Em relação aos jornais, nota-se que, apesar de ser quase três vezes maior que as revistas, a quantidade de matérias educativas ainda é muito pequena: 1,6% do total geral. Dos 582 cm/col. de matérias educativas, 43,2% são dedicados ao tema segurança no trabalho. Isso demonstra uma preocupação evidente com o problema dos acidentes de trabalho, talvez como reflexo da prioridade que vem sendo dada ao assunto pelo governo federal, inclusive com a promulgação de constantes modificações legais, que provocam o surgimento de matérias a respeito nos jornais de empresa. Por outro lado, a alta porcentagem de matérias educativas sobre segurança pode simplesmente representar a preocupação normal das empresas com o assunto.

Cerca de 1/4 das matérias educativas nos jornais (23,1%) são dedicadas à moda, culinária e orientação doméstica, assuntos predominantemente femininos. Como a mão-de-obra feminina em empresas brasileiras ainda é muito pequena, é fácil concluir que essas matérias são destinadas à família do operário, o que evidencia uma saudável tentativa do jornalismo empresarial de entrar na casa do funcionário. No entanto, embora a porcentagem seja alta em relação às matérias educativas, a quantidade de matérias para o lar se dilui ante o total geral da superfície impressa dos jornais, e corresponde a apenas 0,5% deste total.

Representando 100% das matérias educativas nas revistas e 29,5% nos jornais, o item "orientação profissional, conselhos úteis e orientação prática" obtém o primeiro lugar na classificação geral, com 47,8% do total de matérias educativas publicadas pelos órgãos empresariais analisados para esta pesquisa. Apesar das ressalvas feitas acima, quando da análise das revistas, devemos considerar os pontos positivos destas estatísticas. É inadmissível que todas as matérias educativas sejam as do item "orientação profissional, conselhos úteis e orientação prática", como aconteceu nas revistas. Mas é razoável que tais matérias constituam uma porcentagem grande ou mesmo majoritária, pois elas suprem uma lacuna da imprensa geral, que muito raramente dedica qualquer espaço para assuntos práticos do tipo "como tirar carteira profissional", "o que é o seguro-saúde", "o que é o FGTS" e assim por diante. Este tipo de assunto é da mais alta importância para a vida prática dos funcionários, e é bom que eles sejam abordados pelos veículos de massa empresariais, já que dificilmente os trabalhadores receberão tais informações de outras fontes, a não ser que eles as procurem.

Como observação final, fica a conclusão de que as matérias educativas representam apenas 1% do total geral impresso nas publicações empresariais analisadas para este estudo. É provável que possamos afirmar sem medo que tal porcentagem é irrisória, situando-se acima apenas da propaganda, na listagem das cinco categorias utilizadas por este trabalho.

É evidente que a função principal do jornalismo, seja ele empresarial ou não, é informar. Portanto, é natural que as matérias jornalísticas (informativas, interpretativas e opinativas) constituam a ampla maioria do material impresso nos veículos de massa empresariais. Mas, tanto na imprensa geral como principalmente na empresarial, a missão formativa do jornalismo não pode ser desprezada. Está cientificamente comprovado que uma das raras missões a que os meios de comunicação de massa podem dedicar-se, com possibilidades de êxito integral e sem a necessidade de auxílio de outros fatores, é a instrução (Wilbur Schramm escreveu numerosos estudos a respeito das diversas tarefas que se atribuem aos meios de comunicação de massa e concluiu que a maioria delas não podem ser levadas a cabo pelos jornais, revistas, rádio, cinema e televisão, a não ser que outros fatores operem em conjunto).

Portanto, se as possibilidades de obter bons resultados educativos são grandes e se a missão formativa do jornalismo empresarial é da mais alta importância, é razoável concluir-se que a porcentagem de matérias educativas encontrada por esta pesquisa é muito pequena e poderia aumentar consideravelmente em benefício de uma melhoria do nível da imprensa empresarial no país.

17. CONTEÚDO DO ENTRETENIMENTO

A categoria de matéria *entretenimento* pode ser facilmente delimitada através dos temas que a compõe, classificados por muitos autores. Para o nosso esquema, fizemos a seguinte classificação:

1. Humorismo
2. Horóscopo
3. Passatempos (cruzadas, xadrez...)
4. Histórias em quadrinhos

Esses conteúdos apresentam, normalmente, o mesmo espaço de edição para edição. No entanto, quando o volume de matérias das edições ultrapassa o espaço das outras páginas, a página de entretenimento acolhe "sobras" de textos, sacrificando-se assim parte de seu conteúdo específico.

A página de entretenimento é uma das "mais lidas pelos empregados".

DECOMPOSIÇÃO DE 32 JORNAIS E 18 REVISTAS SEGUNDO O CONTEÚDO DE ENTRETENIMENTO

	Jornais	%	Revistas	%	Total geral	%
Humorismo	82	6,9	316	35,0	398	19,1
Horóscopo/varied.	296	25,1	204	22,6	500	24,0
Passatempos	307	26,2	125	13,8	432	20,7
Hist. em quadrinhos	492	41,8	258	28,6	750	36,2
TOTAL	1.177	100	903	100	2.080	100

Nota-se que, em relação a entretenimento, há um certo equilíbrio entre jornais e revistas. Os dois tipos de publicação empresarial dedicam quantidades de matéria aproximadamente iguais ao assunto, embora os jornais estejam um pouco acima, contribuindo com 56,5% de total geral. Contudo, ao examinarmos a porcentagem de matérias de entretenimento, comparada com o total de cada veículo, verificamos que essa tendência de supremacia dos jornais sobre as revistas se acentua: os temas da categoria representam 3,3% do total de matérias publicadas pelos jornais, enquanto para as revistas essa porcentagem é de 2,2%.

Uma explicação para essa tendência talvez seja, novamente, a intenção de se tornar a revista empresarial um veículo mais "sério", "respeitável", uma vez que quase sempre a revista atinge público externo ou misto. Os jornais, ao contrário, podem ser mais informais.

O humor aparece como o principal ingrediente das matérias de entretenimento: as piadas com as histórias em quadrinho contribuem conjuntamente com 55,3% do total geral, vindo em seguida horóscopo e variedades (24%), e, em terceiro lugar, passatempos (20,7%). Nas revistas, a predominância do humor é ainda mais acentuada (63,6%, sendo que nos jornais a porcentagem é de apenas 48,7 por cento).

A quantidade de matérias de entretenimento parece razoável, bem como a distribuição através dos tipos para sua classificação.

18. CONTEÚDO DA LITERATURA

A categoria de mensagem *literatura* apresenta-se em jornais e revistas de empresa normalmente sob a forma de contos, crônicas, poesias, ensaios, romances e folhetins. Do ponto de vista de diferenciação do jornalismo, vemos que o conteúdo literário tem duração permanente e serve como um instrumento capaz de conferir maior efetividade temporal ao jornalismo empresarial.

Há dez anos, encontrávamos doses mais acentuadas de mensagens literárias, nos jornais e revistas de empresa. No entanto, esse conteúdo era extremamente amadorístico (exemplo está na grande quantidade de colaborações poéticas, enviadas pelos funcionários). Com o tempo — influência, possivelmente, dos próprios meios de comunicação — o jornalismo empresarial passou a revestir um conteúdo literário mais profissional, com a introdução de autores nacionais e estrangeiros ou mesmo a transcrição de textos de livros.

DECOMPOSIÇÃO DE 32 JORNAIS E 18 REVISTAS SEGUNDO O CONTEÚDO DA LITERATURA

	Jornais	%	Revistas	%	Total geral	%
Contos e crônicas	307	51,2	644	80,8	951	68,1
Poesia	292	48,8	153	19,2	445	31,9
Romances/folhetins	—	0,0	—	0,0	—	0,0
TOTAL	599	100	797	100	1.396	100

Em termos de literatura, também existe um equilíbrio entre jornais e revistas, com pequena vantagem para estas. Do total geral publicado pelas revistas, a literatura constitui 2%, enquanto para os jornais, 1,7%. Juntando revistas e jornais, a porcentagem de literatura é de 1,8%. A vantagem das revistas é perfeitamente explicável exatamente pelas maiores ambições do veículo. Chega a ser surpreendente a pequena diferença existente entre revistas e jornais.

Mais interessante é a diferença que se verifica em relação à distribuição das matérias literárias entre os três tipos adotados para sua classificação. Nota-se uma predominância maciça (da ordem de 80,8%) de contos e crônicas sobre poesia, nas revistas, e um equilíbrio entre os dois tipos nos jornais (51,2% de contos e 48,8% de poesia). É difícil buscar explicações para o fenômeno: é possível que os jornais, como veículos menos elaborados e mais comunitários, se utilizem de contribuições dos leitores em proporção muito maior do que as revistas. E como as tentativas literárias mais comuns são no campo da poesia, essa poderia ser a causa da maior incidência de poemas nos jornais. No entanto, trata-se de uma hipótese meramente exploratória que deveria receber maior consideração.

Outra possibilidade é a de que a poesia atinja mais os leitores dos jornais do que o das revistas. Mas por quê? Talvez porque crônicas e contos sejam mais universalmente aceitos e, como as revistas pretendem atingir um público mais geral, elas prefiram esse tipo de literatura à poesia.

Merece registro, finalmente, o fato de não ter havido registro de romances e folhetins, provavelmente em virtude da inadequação destes conteúdos.

19. CONTEÚDO DA ILUSTRAÇÃO

Optamos pela elaboração de um esquema especializado que pudesse adaptar-se ao conteúdo de uma publicação empresarial. Traçamos o seguinte roteiro:

1. Homens
2. Máquinas e equipamentos
3. Homens/máquinas e equipamentos
4. Paisagens, obras de arte
5. Organogramas, gráficos, fluxogramas, mapas, quadros e desenhos
6. Outros

A ilustração, na publicação da empresa, não é tão diversificada como na grande imprensa. A fotografia normalmente gira em torno do homem e da máquina (equipamentos). Ela é essencialmente promocional. Valoriza o funcionário e o seu trabalho. Ou o seu ambiente de trabalho. Por isso, no terceiro item, fizemos o agrupamento homens/máquinas.

Pode-se, inclusive, afirmar que, geralmente, a fotografia é mais importante para o empregado que o próprio texto. A comunidade é facilmente atraída por elementos de fácil denotação e intensa conotação, e a fotografia oferece esses elementos, constituindo-se em atração principal e também em chamariz para a leitura do texto que a acompanha. A prioridade que o empregado dá à fotografia evidencia-se, sob outro prisma, na maior importância que ele atribui ao fotógrafo, no momento da entrevista.

COMPOSIÇÃO DE 32 JORNAIS E 18 REVISTAS SEGUNDO O CONTEÚDO DA ILUSTRAÇÃO

Ilustrações	Jornais	%	Revistas	%	Total geral	%
Homens	2.145,5	23,1	2.325,5	16,5	4.471	19,2
Máquinas, equipamentos	655,5	7,0	2.314,5	16,4	2.970	12,7
Homens/máquinas/equipam.	3.915	42,1	3.308	23,6	7.223	30,9
Paisagens, obras de arte	567,5	6,1	3.530	25,0	4.097,5	15,2
Organ., gráf., mapas, des.	1.786	19,2	1.763,5	12,6	3.549,5	15,2
(Outros) animais, produtos	209	2,5	833	5,9	1.042	4,5
TOTAL	9.278,5	100,0	14.074,5	100,0	23.353	100,0

A primeira observação importante que surge do exame das estatísticas referentes às ilustrações é a sua predominância bem maior nas revistas do que nos jornais. Enquanto nas revistas as ilustrações representam 35,8% da superfície total impressa, nos jornais essa porcentagem só atinge 26%. Isto se deve, evidentemente, ao maior espaço de que dispõem as revistas e às suas características supostamente menos informativas e mais interpretativas, o que favorece maior uso de ilustrações. Também se pode explicar o fenômeno pela maior disponibilidade de tempo para o preparo das matérias e pela maior sofisticação gráfica das revistas, própria deste tipo de veículo.

Ao analisarmos a distribuição pelos tipos utilizados para classificação, notamos que o que está em primeiro lugar nas revistas (paisagens, obras de arte) se encontra em penúltimo nos jornais, acima apenas de "outros" (animais, plantas, produtos). E enquanto nas revistas se verifica um equilíbrio entre os diversos tipos (o que está em primeiro lugar corresponde a 25% do total, em segundo lugar a 23,6%, em terceiro a 16,5%, em quarto a 16,4%, em quinto a 12,6% e em sexto a 5,9%), nos jornais o item que mais aparece (homens, máquinas, equipamentos) é responsável por 42,1% do total.

Esses números parecem indicar claramente a intenção das revistas de atingir um público mais geral, enquanto o público dos jornais é realmente o público interno e seus assuntos são os diretamente ligados ao processo de produção dentro da empresa. Somados os três itens que lidam com homens, máquinas e equipamentos, eles correspondem a 72,2% de todas as ilustrações dos jornais, enquanto nas revistas a porcentagem chega a apenas 56,5%.

Em termos de angulação fotográfica, embora seja difícil julgar porque não foram estabelecidos critérios para medi-la, é possível fazer algumas inferências. A possibilidade de que as ilustrações de máquinas e equipamentos sejam mais "paradas" que as demais é grande, como se depreende do índice de 16,4% observado nas revistas. Outro dado que pode ser surpreendente é a vantagem dos jornais no item "organogramas, gráficos, mapas e desenhos" (19,2% do total nos jornais e 5,9% nas revistas). Pode ser surpreendente, porque esse tipo de ilustrações demanda maiores cuidados e tempo. Contudo, seria preciso fazer uma nova distribuição entre os quatro componentes do item para chegarmos a conclusões mais definitivas, pois se houver uma predominância dos organogramas e gráficos sobre os mapas e desenhos, isso apenas estará reforçando a tendência de os jornais se preocuparem, mais do que as revistas, com os problemas ligados ao processo de produção, não chegando a surpreender a sua superioridade no item.

20. ANÁLISE DE CARACTERIZAÇÃO DA PROCEDÊNCIA GEOGRÁFICA

Esta parte visa a estabelecer os principais fluxos de comunicação dentro da empresa e, ao mesmo tempo, caracterizar a procedência das informações, isto é, saber de onde elas partem. Dentro da estrutura organizacional, fizemos uma divisão entre a empresa e os funcionários, mostrando, assim, o fluxo descendente e o fluxo ascendente.

Por outro lado, procuramos um modelo resumido que pudesse apresentar a procedência geográfica de outras informações. Escolhemos as informações da cidade onde está localizada a empresa, do país e informações do exterior.

Sabe-se que parte da programação editorial de um jornal ou revista de empresa se fundamenta em mensagens de procedência externa, isto é, de fora da empresa. Foi isto que nos orientou no estabelecimento do esquema. Temos, pois, duas áreas: a interna (da organização) e a externa. E, dentro da interna, os dois fluxos.

DECOMPOSIÇÃO DE 32 JORNAIS E 18 REVISTAS SEGUNDO A CARACTERIZAÇÃO DA PROCEDÊNCIA GEOGRÁFICA

Caracterização geográfica	Total jornais	%	Total revistas	%	Total geral	%
Informações da empresa	19.479,5	55,8	25.074	63,9	44.553,5	60
Informações dos funcionários	14.023,5	40,1	10.108	25,7	24.131,5	32,5
Informações da cidade	374	1,1	538	1,3	912	1,2
Informações do país	737	2,1	3.491	8,8	4.228	5,6
Informações do exterior	292	0,9	82	0,3	374	0,7
TOTAL GERAL	34.906	100,0	39.293	100,0	74.199	100,0

Caracterização geográfica

As estatísticas referentes à caracterização geográfica das notícias apenas vêm confirmar tendências anteriores. Tanto jornais como revistas têm, como seria de se esperar, como principais origens de informação a empresa e os funcionários. Mas a tendência é mais acentuada nos jornais do que nas revistas (95,9% naqueles e 89,6% nestas). Isso demonstra a inequívoca vocação dos jornais para o seu público interno, enquanto as revistas podem se dar ao luxo de ter 8,8% de suas informações procedentes do resto do país (contra 2,1% dos jornais).

As revistas demonstram, através das estatísticas, que são veículos muito mais de informações descendentes do que ascendentes: só 25,7% das informações têm suas origens nos funcionários, enquanto nos jornais a taxa sobe para 40,1%. As revistas são, portanto, muito mais um porta-voz das empresas (que originam 63,9% do total de suas informações) do que dos funcionários. Enquanto isso, embora os jornais não cheguem propriamente a ser órgão dos funcionários, neles existe um equilíbrio muito maior entre as informações destes em relação às da empresa: nos jornais, apenas 55,8% das informações têm sua origem nas empresas.

O desinteresse pelos assuntos do exterior na imprensa empresarial fica evidenciado pelo 0,3% nas revistas e 0,9% nos jornais, que são as porcentagens das informações internacionais em relação ao total de cada um dos veículos.

Embora seja lógica e possa ser considerada até mesmo saudável esta introspecção da imprensa empresarial, a irrisória proporção de notícias vindas da cidade, do resto do país e do exterior (juntas correspondem a 10,4% nas revistas e a 4,1% nos jornais) pode indicar também a falha do jornalismo de empresa numa de suas missões, que é a de interpretar os acontecimentos mundiais para os funcionários e de suprir a ausência dos jornais diários e revistas semanais nas casas de boa parte deles. Especialmente os problemas da cidade (apenas 1,3% nas revistas e 1,1% nos jornais) devem ser de interesse dos leitores do jornalismo empresarial, pois afetam diretamente as suas vidas, tanto quanto os problemas da própria empresa.

21. BIBLIOGRAFIA

Ackermann, Jean-Marie. *Comunicação de Idéias Industriais.* Ed. Fundo de Cultura, Brasil-Portugal, 1965.

Andrade, C. Teobaldo de Souza. *Para Entender Relações Públicas.* 2.ª ed., Editora Biblos Gráfica Ltda., São Paulo, 1965.

Baus, Herbert M. *Relações Públicas, Dinâmica e Prática.* Ed. Fundo de Cultura, Rio de Janeiro.

Beltrão, Luís. *A Imprensa Informativa.* Editora Folco Masucci, São Paulo, 1969.

Beneyto, Juan. *Informação e Sociedade.* Vozes, Petrópolis, 1974.

Bond, Fraser. *Introdução ao Jornalismo.* Livraria Agir Editora, Rio de Janeiro, 1959.

Bosi, Ecléa. *Cultura de Massa e Cultura Popular (Leituras de Operárias)*. Editora Vozes, Petrópolis, 1972.

Canfield, Bertrand R. *Relações Públicas*. 2 volumes. Livraria Pioneira Ed., São Paulo, 1961.

Center, Allen H. *Idéias de Relações Públicas em Ação*. Bestseller Importadora de Livros S.A., São Paulo, 1964.

Chaparro, Manuel Carlos. "Planejamento, Condição de Qualidade", in *Jornalismo Empresarial. Cadernos Proal*. Centro de Pesquisas de Jornalismo Empresarial, n.º 2, São Paulo, 1971.

Chaumely, Jean e Huisman, Denis. *As Relações Públicas*. Difusão do Livro, São Paulo, 1964.

Cohen, M. e Geschwind, P. *L'image de marque de l'entreprise*. Les Editions d'Organisation, Paris, 1971.

Cutlip, Scott M. e Center, Allen H. *Relaciones Públicas*, Ediciones Rialp S/A., Madri, 1963.

Derriman, James. *Relações Públicas para Gerentes*. Zahar Editores, Rio de Janeiro, 1968.

Dovifat, Emil. *Periodismo*. 2 volumes. Uthea, México, 1964.

Dubin, Robert. *Relações Públicas na Administração*. Editora Atlas S.A., São Paulo, 1971.

Fernandes, Jorge *et alii*. *Dos Semanas en la Prensa de América Latina*. CIESPAL, 1967.

Gregório, Domenico de. *Metodología del Periodismo*. Ediciones Rialp, Madri, 1966.

Hernando, Manuel Calvo. *El Periodismo Científico*. CIESPAL, Quito, 1965.

Hoyler S. *Manual de Relações Industriais*. Editora Pioneira, São Paulo, 1970.

Janowitz, Morris. *Os Elementos Sociais do Urbanismo*. Forum Editora Ltda., Rio de Janeiro, 1971.

Kelly, Celso. *Arte e Comunicação*. Agir/MEC, Rio de Janeiro, 1972.

Klapper, Joseph T. "Os Efeitos da Comunicação de Massa", in Cohn, Gabriel, *Comunicação e Indústria Cultural*.

Jucius, Michael J. e Schlender, William E. *Introdução à Administração*. Atlas S/A., São Paulo, 1972.

Lasswell, Harold D. "A Estrutura e a Função da Comunicação na Sociedade", in Cohn, Gabriel, *Comunicação e Indústria Cultural*.

Leyton, A. C. *A Arte de Comunicar na Indústria*. Livraria Civilização Editora, Porto, 1970.

Likert, Rensis. *Novos Padrões de Administração*. Editora Pioneira, São Paulo, 1971.

McCloskey, James. *El Periodismo Industrial*. Ediciones Zeus, Barcelona, 1960.

Moles, Abraham e Duguet, Marcel. *As Comunicações na Empresa*. Editorial Inova, Porto, 1970.

Poyares, Walter Ramos. *Comunicação Social e Relações Públicas*. Agir, Rio, 1970.

Redfield, Charles E. *Comunicações Administrativas*. Fundação Getúlio Vargas, Rio de Janeiro, 1967.

Rego, Francisco G. Torquato do. *Jornalismo Empresarial. Técnica de Reportagem*, in Texto 19 da Escola de Comunicações e Artes da USP e Cadernos Proal n.º 3, 1969, 1972.

Revistas, documentos, relatórios. ABERJE.

Sayles, Leonard R. e Strauss, George. *Comportamento Humano nas Organizações*. Editora Atlas S/A., São Paulo, 1969.

Thayer, Lee. *Princípios de Comunicação Administrativa*. Editora Atlas S/A., São Paulo, 1972.

Weiss, Dimitri. *Comunication et Presse d'Entreprise*. Editions Sirey, Paris, 1968.

------------------------------ dobre aqui ------------------------------

CARTA-RESPOSTA
NÃO É NECESSÁRIO SELAR

O SELO SERÁ PAGO POR

AC AVENIDA DUQUE DE CAXIAS
01214-999 São Paulo/SP

------------------------------ dobre aqui ------------------------------

JORNALISMO EMPRESARIAL

CADASTRO PARA MALA-DIRETA

Recorte ou reproduza esta ficha de cadastro, envie completamente preenchida por correio ou fax, e receba informações atualizadas sobre nossos livros.

Nome: _____ Empresa: _____
Endereço: ☐ Res. ☐ Coml. _____ Bairro: _____
CEP: _____-_____ Cidade: _____ Estado: _____ Tel.: ( ) _____
Fax: ( ) _____ E-mail: _____
Profissão: _____ Professor? ☐ Sim ☐ Não Disciplina: _____ Data de nascimento: _____

1. Você compra livros:
☐ Livrarias ☐ Feiras
☐ Telefone ☐ Correios
☐ Internet ☐ Outros. Especificar: _____

2. Onde você comprou este livro? _____

3. Você busca informações para adquirir livros:
☐ Jornais ☐ Amigos
☐ Revistas ☐ Internet
☐ Professores ☐ Outros. Especificar: _____

4. Áreas de interesse:
☐ Educação   ☐ Administração, RH
☐ Psicologia   ☐ Comunicação
☐ Corpo, Movimento, Saúde ☐ Literatura, Poesia, Ensaios
☐ Comportamento   ☐ Viagens, *Hobby*, Lazer
☐ PNL (Programação Neurolingüística)

5. Nestas áreas, alguma sugestão para novos títulos? _____

6. Gostaria de receber o catálogo da editora? ☐ Sim ☐ Não

7. Gostaria de receber o Informativo Summus? ☐ Sim ☐ Não

Indique um amigo que gostaria de receber a nossa mala direta

Nome: _____ Empresa: _____
Endereço: ☐ Res. ☐ Coml. _____ Bairro: _____
CEP: _____-_____ Cidade: _____ Estado: _____ Tel.: ( ) _____
Fax: ( ) _____ E-mail: _____
Profissão: _____ Professor? ☐ Sim ☐ Não Disciplina: _____ Data de nascimento: _____

Summus Editorial
Rua Itapicuru, 613 7º andar 05006-000 São Paulo - SP Brasil Tel. (11) 3872-3322 Fax (11) 3872-7476
Internet: http://www.summus.com.br   e-mail: summus@summus.com.br